英語を通して学ぶ日本語のツボ

開拓社
言語・文化選書
33

英語を通して学ぶ
日本語のツボ

菅井三実 著

開拓社

はじめに
——本書の目的——

　中学校や高等学校には，国語や英語といった〈ことば〉に関する教科があります。ところが，国語も英語も，ともに〈ことば〉というものを直接の対象とする点で共通性を持つ教科でありながら，残念なことに，両者を積極的に連携させるような授業はあまりありません。近年，「合科(ごうか)」という形で国語と英語を関連させる授業もあるようですし，いわゆる「総合的な学習の時間」という枠の中で試みられるようになってはいるようですが，その内容について専門的な観点から書かれたものはないようです。[1] 本書は，中学校や高等学校において，日本語と英語を相対化し，両者を複眼的に学んでもらうことを目標に書かれたものです。

　そもそも，中学校や高等学校において，国語科の文法と英語科の文法は，目指す方向がまったく異なっているようです。中学校の国語では，現代日本語の文法（口語文法）を学習しますが，それは高等学校における古典文法（文語文法）の学習に対する導入的措置と位置づけられたものであって，日常の日本語の実態や仕組みを客観的に理解しようというものではありません。一方で，英語の文法を学習するのは，言うまでもなく，英語という外国語

---

[1]「合科」というのは，一般には聞き慣れない学校用語かもしれませんが，二つ以上の教科内容を複合させた授業形態をいいます。

v

を理解するためで，日本語との連携は視野に入っていません。このことを如実に示す事実として，中学校の国語科で「助動詞」を学習するのは3年生で，中学校の英語科で「助動詞」を習うのは2年生ということになっています。つまり，日本語（自国語）の助動詞を文法的に学習する前に英語（外国語）の助動詞を学習することになり，日本語の助動詞に関する学習を踏まえて外国語としての英語の助動詞を学ぶという計画性がまったくないことが分かります。

　そこで，日本語と英語を並べて眺めることが必要になるわけですが，大学で行われている言語研究（言語学）では，そのような研究を「対照言語学（comparative linguistics）」といいます。対照言語学というのは，異なる二つ（あるいは三つ以上）の言語を比べて，共通点や相違点を明らかにし，主に言語学習や言語教育に役立てようとするものです。本書は，対照言語学的な観点から，中学校・高等学校レベルの英文法に対して，日本語の実態を照らし合わせることで，英文法に関する知識を増やすと同時に，日本語に関する理解を深めることを目指すものです。日本語と英語は，まったく別の言語であるにもかかわらず意外なところに共通点がありますし，逆に同じような現象に見えても微妙に異なるところがいくつもあります。そうしたことを理解しながら，国語と英語の風通しを良くし，両者を有機的に関連づけて見ることができるようなってほしいというのが本書の願いです。

　さらに，日本語と英語を対照させるというとき，本書では，日本語の中でも古い時代の日本語（古代日本語）をも視野に入れることで，いわゆる現代日本語と古典語（古代日本語）と英語の三つを多角的に見据えることも試みたいと思います。これによって，言

語というものが空間を超えた共通点を持つだけでなく，時間を超えて共通点が見られることも知ってもらいたいと思うのです。日本語と英語の対照研究は日本語と英語を同じ観点から分析するものですが，日英対照研究の著作物の多くが英語のほうにウエイトがかかっているのに対し，本書は，明らかに日本語のほうにウエイトをおいて書いています。中学校と高等学校の国語の先生と英語の先生の両方にお読みいただき，国語科と英語科を「言語科」あるいは「ことば科」という観点から連携させることの一助になれば望外の喜びであります。

　本書の執筆を勧めて下さった京都大学の山梨正明先生，本書の内容に関して専門家の立場からアドバイスを下さった奈良教育大学の吉村公宏先生に感謝の意を表します。言うまでもなく，本書に誤りや誤解があれば，すべて筆者一人の責任であります。また，開拓社の川田賢氏と松浦有紀氏から手厚いサポートを頂戴しました。記してお礼申し上げます。

2012 年 8 月

菅井　三実

目　次

はじめに——本書の目的——　*v*

第1章　国語と英語の相互理解に向けて ………………… *1*
 1.　プロフィール——世界の中の英語と日本語　*2*
 2.　日本語は特殊な言語か　*6*
 3.　日本語と英語の基本語順の違い　*11*
 4.　品詞の対応　*14*
 5.　品詞のはたらきの違い　*19*
 ［コラム］副詞が名詞を修飾する　*25*
 6.　文法用語の対応　*25*
 7.　本当は難しい「語」の定義　*28*
 ［コラム］品詞の判定　*31*

第2章　英語から日本語の動詞・形容詞を知る ……………… *33*
 1.　英語の進行形と日本語のテイル形　*34*
 2.　不規則動詞も特徴を知ると納得できる　*41*
 3.　形容詞の不規則変化　*50*
 4.　時制と相　*52*
 5.　英語の助動詞と日本語の助動詞　*57*
 6.　日本語の受動文と英語の受動文　*62*
 7.　日本語の使役と英語の使役　*66*
 8.　形容詞の派生　*72*
 9.　連体修飾——日本語にある2種類の修飾構造　*76*
 10.　形容詞の二つの用法　*80*

第3章　英語から日本語の名詞・代名詞を知る　　83

1. 主語とは何か　*84*
2. 日本語の「が」や「は」はすべてが主語ではない　*86*
3. 学校文法における主語の規定　*90*
4. 人称代名詞らしさ　*92*
   ［コラム］意味の下落と意味の向上　*97*
   ［コラム］使用頻度の高い語は短い　*97*
5. 人称代名詞の文法的振る舞い　*98*
6. 1人称代名詞の特殊な用法　*101*

第4章　空間と時間を超えて英語と日本語を知る　　105

1. 英語の仮定法と古代日本語の反実仮想　*106*
2. 母音の音声変化　*109*
3. 英語の歴史的変遷と日本語の歴史的変遷　*114*
   ［コラム］古語的表現　*120*
4. 日本語の方言と英語――「来る」の方向性　*121*
5. 日本語の格助詞と英語の前置詞　*125*
   ［コラム］歴史的変化としての「文法化」現象　*129*
6. 格助詞と接続助詞／前置詞と接続詞　*130*
7. 単数と複数の中間　*135*
8. 消えた接続助詞の「に」　*142*
   ［コラム］機能語としての助詞・助動詞　*144*

第5章　英語の表現と日本語の表現　　145

1. 動詞の「重さ」の違い　*146*
2. 英語も日本語も複文の順序を変えられる　*151*
   ［コラム］英語は「名詞中心」か　*154*
3. 「使える英語」は「使える日本語」で　*155*
4. 「最も優れた学生の1人」はおかしいか　*158*

第6章　学校国文法の標準化に向けて……………………… *161*
　1. 文節とは何か　*162*
　2. 自立語と付属語　*169*
　3. 学校国文法には「目的語」がない？　*174*
　4. 日本語の構文　*183*
　5. 日本語教育における動詞の活用形　*189*

おわりに………………………………………………………… *193*

参考文献………………………………………………………… *195*

索　引…………………………………………………………… *199*

第 1 章

国語と英語の相互理解に向けて

まず，第1章では，英語という言語と日本語という言語を広い視野でとらえ，世界の言語の中で，英語はどんな言語なのか，日本語は特殊な言語なのかを客観的に示します。その上で，英語を学ぶ上で日本語と大きく違うのは何か，英語と日本語で設定されている品詞が異なること，英語の文法と日本語の文法で文法用語が異なることなどを明らかにしてきたいと思います。

1. プロフィール──世界の中の英語と日本語

　多くの日本人話者にとって，外国語と言えば，英語が最も身近な言語ではないでしょうか。中学校や高等学校における「外国語」という教科では，ほとんどの学校で「英語」が教えられており，2011年度（平成23年度）から小学校にも英語が導入されました。[1]

　ただ，その際，学校現場では，コミュニケーションの道具という側面が強調され，言語そのものについて客観的に見る機会は少ないようです。しかも，多くの場合，外国語として取り上げる言語が英語に限られるため，他の外国語と比べて，英語という言語が一般的なのか特殊なのか考える余裕もないようです。その結果として，しばしば見られるのは，極端な二項対立による誤った

---

[1] 文部科学省「平成20年度高等学校等における国際交流等の状況について」によると，英語以外の外国語を開設している高校は公立と私立を合わせて729校あり，開設言語数は，中国語，フランス語，韓国・朝鮮語，スペイン語など16言語に上るとのことです。

理解が生じることで，たとえば「日本語は述語が文末に来るために結論が見えにくく，したがって論理的ではない」とか「英語は単数・複数の概念が明確であり，主語と述語の関係も明快に確立しているから論理的である」などの類いがあります。日本語のように述語が文末に来ることと非論理的であることとの客観的な因果関係も示さないまま，主観的な印象で断定的な結論を導くのは暴論というほかありません。そこで，客観的に日本語と英語を見比べる意味で，世界の言語という広い視野から，その中で冷静に日本語と英語を位置づけていきたいと思います。

では，そもそも世界に言語はいくつあるか，と唐突に教室で問いかけたら白けるでしょうか。それでも，せめて桁数くらいは正答してほしいところです。結論的には，一般に 3,500 から 4,500 という数字が受け入れられており，多い場合は 8,000 という数字があげられることもあります。これだけ数字の幅が広いのには二つの問題があると言われています。

一つは数え方の問題です。たとえば，一口に「英語」といっても，少なくとも，アメリカ英語，イギリス英語，オーストラリア英語，カナダ英語，ニュージーランド英語などのバリエーションがあり，文法・音韻・語彙において差異は小さくありません。また，アイルランド英語やスコットランド英語も，標準的な英語とは微妙に異なります。これらを「1」と数えてよいのか「7」と数えるべきかにより，すでに「6」の差がでます。このような事情が重なると，言語の総数に大きな差が生じることになります。

もう一つは言語の消滅という問題です。コロンブスが北アメリカに上陸したころ，ネイティブアメリカンの言語は 500 以上あったのに，1980 年には 200 以下に減少したと言われています。ま

た，オーストラリア東北部のワルング語という言語は，1981年に最後の話者が亡くなり，口語としては死滅したと言われています。このような変化が正確に反映されないことも，言語の数が不安定になっている理由の一つに挙げられます。

ともあれ，言語の数が3,000であれ，8,000であれ，国家の数字より言語の数のほうがはるかに多くあります。ということは，一つの国で複数の言語が用いられているケースが珍しくないことを表しています。上述のように，北アメリカにはネイティブアメリカン（アメリカ先住民族）の言語が100ほど現存しており，インドでは，ヒンディー語，ベンガル語，タミル語など，方言を含めて1,500以上の言語が話されているといいます。日本でも，国内で話されている言語は「1」ではありません。日本語のほか，琉球語とアイヌ語があることを決して忘れてはなりません。

では，世界の諸言語は，どのように関連付けられているでしょうか。言語の歴史を研究する歴史言語学の研究によると，ある種の言語は元来一つの言語だったものが歴史の中で分化して複数の言語になったと言われます。もちろん，すべての言語が一つの言語から派生したわけではなく，初めに数十の言語が発生し，そこから分化していって数千もの数になったと考えられており，同じ言語から分化した言語は「語族（language family）」や「語派（language branch）」という単位で分類されています。語族というのは，世界の言語を大きく分類した単位で，およそ10〜20の語族が設定されています。語派とは，語族の中で分類したときの単位で，語派の数は語族によってさまざまです。主な語族の名前を挙げれば，インド・ヨーロッパ語族（インドから欧州に至る広い地域に分布），シナ・チベット語族（中国の中南部からインドシナに分

布），マライ・ポリネシア語族（東インド諸島から南太平洋の島々に分布），ニジェール・コンゴー語族（アフリカ最大の語族），セム語族，ハム語族，ウラル語族，アルタイ語族，オーストロ・アジア語族などがあります。このうち，最も大きな語族がインド・ヨーロッパ語族（印欧語族）で，その系統関係は次のように図示できます。

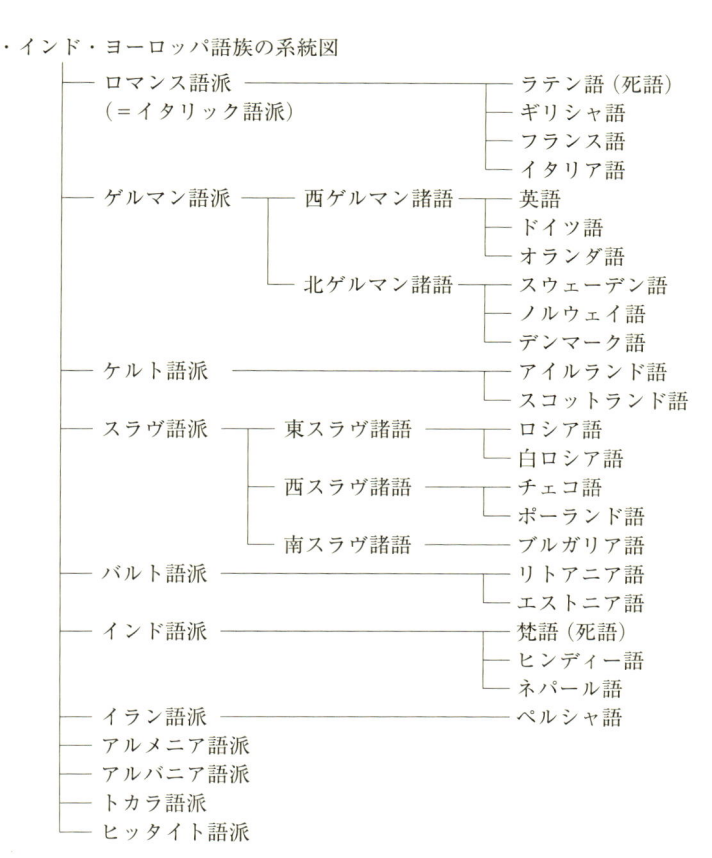

・インド・ヨーロッパ語族の系統図

```
── ロマンス語派 ─────────── ラテン語（死語）
   （＝イタリック語派）        ├ ギリシャ語
                              ├ フランス語
                              └ イタリア語
── ゲルマン語派 ── 西ゲルマン諸語 ─ 英語
                                  ├ ドイツ語
                                  └ オランダ語
                 └ 北ゲルマン諸語 ─ スウェーデン語
                                  ├ ノルウェイ語
                                  └ デンマーク語
── ケルト語派 ─────────── アイルランド語
                              └ スコットランド語
── スラヴ語派 ── 東スラヴ諸語 ── ロシア語
                                  └ 白ロシア語
                 ├ 西スラヴ諸語 ── チェコ語
                                  └ ポーランド語
                 └ 南スラヴ諸語 ── ブルガリア語
── バルト語派 ─────────── リトアニア語
                              └ エストニア語
── インド語派 ─────────── 梵語（死語）
                              ├ ヒンディー語
                              └ ネパール語
── イラン語派 ──────────────── ペルシャ語
── アルメニア語派
── アルバニア語派
── トカラ語派
── ヒッタイト語派
```

ここからうかがえるように、語族は、人間の一族のように、曽祖父から祖父・父・子・孫へと分化したものと考えていいでしょう。そうすると、英語とドイツ語は、いわば兄弟の関係にあり、同様に、フランス語とイタリア語とスペイン語も、兄弟の関係にあると考えていいでしょう。さらに言うと、英語やドイツ語は、フランス語やイタリア語といとこの関係にあることになります。

一つ加えておきたいのは、どの語族にも属さない「系統不明の言語（孤立した言語）」という範疇があることで、実は日本語も「系統不明の言語」の一つです。「系統不明の言語」として、バスク語（スペイン国内）、アイヌ語や韓国・朝鮮語があります。ただ、「系統不明の言語」同士だからといって、日本語とアイヌ語や韓国・朝鮮語が親戚というわけではありません。

2. 日本語は特殊な言語か

そのような多数の言語の中で、日本語はどのように位置づけられるでしょうか。英語は世界の標準語で、日本語は特殊な言語なのでしょうか。以下では、世界の言語という広い視野から、基本語順と疑問文という二つの観点から考えてみます。

まず、基本語順というのは、S（主語）、V（動詞）、O（目的語）がどの順番で並ぶかという傾向です。SとかVとかOと言えば、英語の文型を学ぶためのものと思っているかもしれませんが、二つ以上の言語を比べるとき基本語順という特徴を示す意味でも重要な要素です。基本語順というのは、その言語にとって最も標準的な語の並べ方を指すもので、通常、「S」と「V」と「O」の三つが、どの順番で現れるかで考えます。英語の場合、S（主語）

の次に動詞（V）が来てその後ろに目的語（O）が来ますので，基本語順は SVO ということになります。学校英文法で習う 5 文型で言うと，第 3 文型ですが，これが英語にとって最も標準的な語順と言われています。したがって，英語は SVO 型の言語ということになります。

　SVO 型の言語は，英語だけでなく，ドイツ語や中国語もそうで，次のように例示されます。

> [ドイツ語] Ich　　　liebe　　Sie.
> 　　　　　私は　　　愛する　　あなたを
>
> [中国語]　我　　　　愛　　　　你
> 　　　　　私　　　　愛する　　あなた

ドイツ語の例は，Ich（主語），liebe（動詞），Sie（目的語）の順に配列され，中国語の例でも，我（S），愛（V），你（O）の順に配列されており，どちらも，英語と同じ SVO 型の言語であることが分かります。

　これに対し，日本語の基本語順は，どうなっているでしょうか。「私は英語を学ぶ」というとき，主語の「私は」が一番前に来て，その次に「英語を」という目的語が来ます。そして，動詞「学ぶ」は文の最後に来ることになっていますので，日本語の基本語順は，SOV 型ということになります。[2] ただ，英語では，述語に

---

[2] 基本語順に関しては，一般に，緩やかな部分と厳格な部分があります。日本語の場合，S と O の語順は厳格ではなく，「太郎を（O）僕は（S）図書館で見た」のように，OS（目的語→主語）の順であっても許容されますが，自

なるのは動詞類だけで，形容詞が述語になることはありませんが，日本語では，動詞だけでなく形容詞と形容動詞も述語になることを見落としてはなりません。このことは，小中学校の国語の時間で教えることになっている事項ですが，日本語で形容詞が述語になることを自覚していない高校生は少なくありません。

ところで，SとVとOの3要素の相対的な配列順序は，SVOとSOVだけではありません。三つの要素の順列は理論的には6とおりが可能であり，世界の言語を調べると，6とおりすべての語順が実在します。具体的な言語の名前を入れてみると，次のようになります。

　　SOV 型＝韓国・朝鮮語，トルコ語，ペルシャ語など
　　SVO 型＝英語，フランス語，中国語，スワヒリ語など
　　VSO 型＝アイルランド語，アラビア語，タヒチ語など
　　VOS 型＝マラガシ語，トンガ語，タガログ語など
　　OVS 型＝ヒシカリャナ語（ブラジル）など
　　OSV 型＝シャバンテ語（ブラジル）など

このうち，最後の二つ（OVS 型と OSV 型）は，非常に珍しく，ほとんどが南米のアマゾン流域に分布している言語のようです。

では，基本語順として，英語のような SVO 型の言語と，日本語のような SOV 型の言語は，どちらが多いでしょうか？　もち

然と感じる語順として SO（主語→目的語）が優勢であるという点で，日本語を SOV としました。

ろん，問題にしているのは言語そのものの数であって，人口で考えてはいけません。人口で数えれば，中国語だけで14億もいますから，SVO型が一番多いに決まっているからです。結論を言えば，日本語のようなSOV型の言語のほうが，英語のようなSVO型より多くあります。ちなみに，全6種の基本語順を言語の数でランキングすると，次のようになります。[3]

  SOV 型 .... 1,231 言語（48.5%）
  SVO 型 .... 981 言語（38.7%）
  VSO 型 .... 234 言語（9.2%）
  VOS 型 .... 61 言語（2.4%）
  OVS 型 .... 18 言語（0.7%）
  OSV 型 .... 12 言語（0.5%）

ここから分かるように，SOV型が最も多く，40%を超える最も大きなグループであるのに対し，SVO型は3分の1強にとどまります。ここで留意してほしいのは，言語人口で見るとき，日本語が基本語順において最多数派に属するという客観的な事実です。

 もう一つ，文法的な側面から，疑問文の作り方を見てみましょう。平叙文を基本に疑問文を作るとき，日本語は文末に疑問の標識「か」が付されることは言うまでもありません。

---

[3] ここに挙げた語順別の言語数と比率は，山本秀樹（2003）が2,537言語を対象に調査したものです。比率については，サンプルの数によって多少の差異はありますが，どの調査でも，おおよそ「SOV型が半数近く」「SVO型が1/3強」「VSO型が1割程度」となっています。

ここは講義室です　　→　　　ここは講義室ですか

これに対し，英語は，主語と述語を入れ替えます。

　　　This is a lecture room.　→　　Is this a lecture room?

では，この二つのタイプについて，再び言語の数を比べてみましょう。日本語のように疑問の標識を付けて疑問文を作る言語と，英語のように主語と述語を入れ替えて疑問文を作る言語とで，どちらが多いでしょうか。答えは，ご想像のとおり，多いのは前者のほうです。日本語の「か」は文末に付けますが，文頭に疑問の標識を付ける言語もあるらしく，文頭または文末に疑問の標識を付けて一般疑問文を作る言語は7割以上あると言われます (cf. 角田 (2009))。これに対して，英語のように，主語と述語を入れ替えて疑問文を作る言語はヨーロッパの一部に限られているといわれ，一般疑問文の作り方に関しても日本語が多数派に属することを確認しておきたいと思います。

　こうした事実をもとに，あらためて「日本語は特異な言語か」という問いを立ててみますと，客観的に見て，日本語は決して特異な言語ではなく，基本語順や文法的な特性から見る限り，多数派に属する言語であって，標準的な言語であると言ってよさそうです。

　では，一方の英語は，標準的な言語なのでしょうか。英語の基本語順はSVO型で，2番目に多いグループに入ります。この点では標準的とも特異とも言い難いのですが，疑問文の作り方については，特殊な方法で作られることは上で見たとおりです。

　以上のように，日本語と英語を言語学的な観点から比べてみる

と，日本語は極めて標準的な言語といっていいのに対し，むしろ英語は特異な言語というのが研究者の間でも共通の理解になっています。それでも，英語が世界中で使われ，事実上，「国際語」あるいは「世界共通語」と認識されていることも否定できませんが，それは，語学的な要因ではなく，政治的・経済的な要因によるものであることも事実です。

最後に，日本語の特徴として，意外に知られていないのではないかと思うのは，文字体系です。文字体系については，漢字・平仮名・片仮名という3種類の文字を持っており，このことが実は日本語に関して最も珍しいことかもしれません。

3. 日本語と英語の基本語順の違い

何と言っても基本語順の違いは，英語を学ぶ上で大きな壁かもしれません。日本語がSOVで，英語がSVOということは，日本語では文末に述語が来て，英語では主語の次に述語が来るということですが，このことは特に英語を話すとき心理的に混乱を招くのではないでしょうか。母語である日本語で話しているときには文末で出していた述語を，英語を話すときには主語の次に出さなければならないことになるからです。

このように述語（V）の位置が違うということ，正確に言うと，述語（V）と目的語（O）の順番が違うということは，言語構造の別の側面にも影響を及ぼします。世界の言語を広く見渡したと

き，一般に，次のようなことが知られています。[4]

   (i) SOV の言語では，後置詞を使う傾向が強く，
        SVO の言語では，前置詞を使う傾向が強い

「後置詞」というのは，はじめて聞く人も多いかと思いますが，一般言語学の用語で，前置詞とは反対に「名詞の後に付いて述語との関係を表すもの」をいいます。まさに日本語の格助詞は，一般言語学でいう「後置詞」です。そうした名称の差異はともかく，日本語の格助詞が名詞の後ろに付き，前置詞が名詞の前に置かれることには，合理的な理由があります。ここで問題になるのは，いま述べた述語（V）と目的語（O）の順序です。英語の基本語順は SVO ですから「VO」の順番に並ぶのに対して，日本語の基本語順は SOV ですから「OV」の順番になります。前置詞や後置詞（格助詞）は，目的語（O）と述語（V）を結びつけるものですから，両者の中間に置かなければなりません。英語は VO ですから，V と O の間に置くとすれば，in や to は目的語の前に置かれますし，日本語は OV ですから，O と V の間に置くとすれば，「で」や「に」は目的語の後に置かれることになるのです。[5]

さらに，OV（日本語）と VO（英語）の違いは，節が名詞を修飾するとき，その節が名詞の前に来るのか後ろに来るのかにも影

---

  [4] ここで挙げる (i) や (ii) の一般的傾向は，グリーンバーグ（Greenberg (1963)）という言語学者が定式化したものです。
  [5] 高度に理論的な言語研究では，日本語の「格助詞」と「後置詞」を区別する立場もあります。

響します。ここでいう「名詞を修飾する節」というのは英語では関係節のことですし，日本語では連体修飾部のことを指します。それと名詞の関係について，一般に，次のような傾向があるといわれています。

  (ii) SOVの言語では，名詞を修飾する節は名詞の前に来る傾向が強く，SVOの言語では，名詞を修飾する節は名詞の後ろに来る傾向が強い。

この傾向を分かりやすく言い換えると，要するに「名詞を修飾する節は，側置詞と反対側に置かれる」ということになります。英語において，名詞を修飾する形容詞節（関係節）は被修飾名詞（先行詞）の後ろに置かれますが，それは，名詞の前には前置詞が置かれ，修飾節を名詞に前置すると，前置詞と名詞の間に修飾節が挿入される形になり，前置詞と名詞が"分断"されるような格好になるからです。日本語で修飾節が名詞の前に置かれる理由も同様で，日本語では名詞の後ろに格助詞が来るので，連体修飾部を名詞に後置すると，名詞と格助詞が分断されてしまいます。このことが，連体修飾部が名詞の前に来る文法的な理由です。

  このように，基本語順が，SVOなのかSOVなのかという違いは，述語という中核的要素をどこに置くかという違いにとどまらず，前置詞を使うのか後置詞（格助詞）を使うのかの違いに影響を与え，関係節を名詞の前に置くのか後に置くのかという違いにも影響を及ぼします。

表1

	基本語順	側置詞の位置	修飾節の位置
英　語	SVO	前置詞（名詞の前）	名詞の後に来る
日本語	SOV	後置詞（名詞の後）	名詞の前に来る

この点で，基本語順の違いは，学習者にとって大きな壁になると考えたほうがいいように思われます。

4. 品詞の対応

言語学（言語研究）では，できるだけどの言語も同じように扱うことを考えますので，どの言語にも共通するように品詞を設定しますが，学校文法では国語と英語で品詞の設定が異なります。国語科（学校文法）では10の品詞が設定されており，英語科（学校文法）では8の品詞が設定されています。同じ形容詞でも，日本語と英語では使い方に違いがあります。

日本語の品詞については，数え方にいくつかの考え方があり，必ずしも一定ではありませんが，学校文法では10の品詞が設定されています。

```
―― 学校国文法の品詞 ――
名詞  形容詞  形容動詞  連体詞  副詞
動詞  接続詞  感動詞   助詞   助動詞
```

このうち，形容動詞・連体詞・助詞・助動詞の四つは日本語に特

徴的な品詞で，英語にはありません（助動詞は英語では一つの品詞として設定されていないのです）。

一方，英語の品詞についても，いくつかの考え方がありますが，次の8の品詞を設定するのが最も一般的です。

---- 学校英文法の品詞 ----
| 名詞 | 代名詞 | 動詞 | 形容詞 |
| 副詞 | 前置詞 | 接続詞 | 間投詞 |

このうち，英語に特徴的なのは，代名詞・前置詞・間投詞です。学校国文法には代名詞という品詞はなく，名詞の中に代名詞が含まれる形になっていますが，英語では代名詞が名詞から独立して一つの品詞になっています。前置詞は，日本語の格助詞に相当しますが，英語では前置詞という名称で一つの品詞として設定されているところに特徴があります。気を付けたいのは，英語の間投詞と日本語の感動詞です。英語の間投詞と日本語の感動詞は，本当は同じものなのですが，それぞれの学校文法で別の名前が付いていますので「英語では間投詞」「日本語では感動詞」と覚えるしかありません。もし，英語の時間に「感動詞」と答えたり，国語の時間に「間投詞」と答える生徒がいたとしたら，それは勉強していないのではなく，ただ整理できていないだけのことですから，どうか英語の先生あるいは国語の先生の指導によって，知識を整理してあげてほしいと望むばかりです。英語の品詞一覧にない品詞として注意したいのは，学校英文法には助動詞が品詞として設定されていないことです。英語の助動詞は動詞の中に含まれるものとして扱われています。また，冠詞も学校英文法では品詞とし

ては設定されていません。

　こうした共通点と相違点は、次の表2のように整理できます。

表2

	学校国文法	学校英文法
共通する品詞	名詞　形容詞　副詞　動詞　接続詞　感動詞［国語］／間投詞［英語］	
異なる品詞	形容動詞　連体詞　助詞　助動詞	代名詞　前置詞　（冠詞）　（助動詞）

共通している品詞が六つありますが、このうち、日本語の「感動詞」と英語の「間投詞」に関しては、実質的に同じものでありながら、国文法と英文法で名称が異なることは上で述べたとおりです。[6]

　ここで、再び助動詞について触れておきたいと思います。学校国文法では助動詞が一つの品詞として設定されていますが、学校英文法では独立した品詞として扱われていません。このことが問題と思われるのは、学校英文法で一つの品詞として設定されていない英語の助動詞が、文の中で独立した成分となって「動詞を助ける」という助動詞らしい機能を果たしているように見えるのに

---

[6] ちなみに、日本語は「助詞」に下位分類があって、格助詞・接続助詞・終助詞・副助詞などに分けられますが、その中に「間投助詞」という助詞があり、その場合には「間投」という名称が使われます。

対し、日本語の助動詞は、一つの品詞として設定されているのに、実際には動詞に付着する接尾語のように見えるからです。独立した品詞として設定されていない英語の助動詞のほうが独立性が高く、独立した品詞として設定されている日本語の助動詞のほうが依存性が高いというところに整合性の欠如があり、こうしたところは改善していかなければならないと思われます。

日本語と英語で対応がやや複雑なのが、日本語の形容詞・形容動詞・連体詞・副詞です。実際、英語の形容詞や副詞は、すべて日本語の形容詞や副詞に相当するとは限りません。英語の形容詞や副詞には、日本語の形容詞・形容動詞・連体詞・副詞が対応すると考えてください。では、次の表3で、日本語の「大きい」「大きな」「幸せな」「幸せに」「高く」の品詞を考えてみてください。A~Eには、どんな品詞名が入るでしょうか。

表3

	英　語	日本語
big（大きい）の品詞は	形容詞	A
big（大きな）の品詞は	形容詞	B
happy（幸せな）の品詞は	形容詞	C
happily（幸せに）の品詞は	副詞	D
highly（高く）の品詞は	副詞	E

答えは、A（大きい）＝形容詞、B（大きな）＝連体詞、C（幸せな）＝形容動詞（の連体形）、D（幸せに）＝形容動詞（の連用形）、E（高

く)＝形容詞（の連用形）となります。英語の big は形容詞ですが，日本語の「大きい」は形容詞で，「大きな」は連体詞です。連体詞というのは，① 名詞を修飾することしかできず，② 活用（語形変化）がない，という二つの特徴をもつ品詞です。この点で，連体詞は，英語の冠詞に似ています。また，英語の happy は形容詞ですが，日本語の「幸せな」は形容動詞です。ここで，英語の教員が戸惑うかも知れないと思うのは，動詞を修飾する語の品詞ではないでしょうか。英語の happily は副詞ですが，日本語の「幸せに」という語は，副詞ではなく形容動詞ですし，英語の highly は副詞ですが，日本語の「高く」という語は形容詞です。日本語の「幸せに」や「高く」は，それぞれ「幸せな」や「高い」の連用形という形であって，活用形が変わっても品詞が変わることはありません。言い換えると，英語では happy と happily では別の語なのに，日本語の「幸せな」と「幸せに」は同じ語が活用変化しただけで，形容動詞であることに変わりはなく，同様に，「高い」と「高く」も形容詞であることに変わりはありません。

このほか，個別の語レベルで，品詞の判定で生徒が混乱しがちなものに，しばしば日本語の「違う」が指摘されます。大学生の中にも，「違う」の品詞を質問すると「形容詞」と答える学生がいるほどで，英語の different が形容詞であることの影響を受けているものと思われます。このことは，生徒は，英語の品詞には識別に注意を払っているのに，日本語（特に現代日本語）の品詞には注意する必要性は（ほとんど）ないと考えている結果かも知れません。学校国文法では，動詞の形態的な特徴として「ウ段」で終わることを強調しているので，中学校の文法指導においては，む

しろ「違う」のような動詞を説明のときの例に取り上げ，英語のdifferent との品詞上の違いを明らかにすることが，あらためて動詞の形態的な特徴を理解させることに有効かと思います。

5. 品詞のはたらきの違い

　日本語と英語では，同じ品詞でも働きに違いが見られます。ここでは，三つの観点から日本語と英語の品詞の働きの違いを見てみたいと思います。

　まず，文の述語になるという観点から言うと，英語で述語になるのは動詞だけですが，次の (1) が示すように，日本語では，動詞だけでなく，形容詞と形容動詞も述語になります。

(1) a. 太郎が中学生と喧嘩した。　　　　　［動詞文］
　　b. 太郎は背が低い。　　　　　　　　　［形容詞文］
　　c. 太郎は勇敢だ。　　　　　　　　　　［形容動詞文］
　　d. 太郎は小学生だ。　　　　　　　　　［名詞文］

(1a-c) は，それぞれ動詞，形容詞，形容動詞を述語とする文ということになります。(1d) は，名詞文（あるいは名詞述語文）と呼ばれるもので，述語となる名詞（=「小学生」）に断定の助動詞「だ」などが付いても付かなくても名詞文（名詞述語文）として成り立ちます。

　どの品詞が文の述語になるかを整理したのが，次の表4です。

表4

品　　詞	英　　語	日　本　語
動　　詞	述語になる	述語になる
形　容　詞	ならない	述語になる
形容動詞		述語になる
名　　詞	ならない	述語になる

英語では動詞しか述語にならないということは十分に理解されているようですが、日本語では、動詞だけでなく形容詞と形容動詞も述語になることを忘れている高校生も多いようです。

　次に、どの品詞がどの品詞を修飾するかという観点から見ると、英語と日本語で差異が見られます。たとえば、英語で動詞を修飾するのは副詞だけなのに対し、日本語では形容詞や形容動詞も（連用形という形になることで）動詞を修飾できるのです。

(2)　　　　　　　　　　
　　　high　　wall　　　高い　　壁
　　　[形容詞]　[名詞]　　[形容詞]　[名詞]

(2) が示すように、名詞を修飾するときは、英語でも日本語でも形容詞が名詞を修飾しますので、この点では共通していますが、動詞を修飾するとき、英語と日本語で事情が違います。(3) を見てください。

(3)
    fly　　　high　　　　高く　　飛ぶ
  ［動詞］　［副詞］　　　［形容詞］　［動詞］

英語では，fly high（高く飛ぶ）というように，動詞 fly（飛ぶ）を high（高く）が修飾するとき，動詞を修飾する英語の high は副詞ですが，日本語の「高く」は形容詞の連用形です。ここから「日本語の形容詞や形容動詞は連用形になると英語の副詞のように機能する」ということができます。

どの品詞がどの品詞を修飾できるかを整理したのが，次の表 5 です。

表 5

被修飾語	英　　語	日　本　語
名詞	形容詞 動詞の分詞形と不定詞	形容詞（の連体形） 連体詞 形容動詞（の連体形） 動詞（の連体形）
形容詞	副詞	副詞 形容詞（の連用形）
副詞	副詞	副詞 形容詞（の連用形）
動詞	副詞	副詞 形容詞（の連用形） 形容動詞（の連用形）

名詞を修飾するのは、英語でも日本語でも、形容詞が基本ですが、動詞も名詞を修飾することができます。英語では、running boy（走っている少年）や broken watch（壊れた時計）のように分詞になることで名詞を修飾しますし、日本語では「考える人」のように連体形で名詞を修飾しますが、現代日本語の連体形は終止形（基本形）と同じ形ですし、「考えたこと」のように助動詞「た」等が含まれる場合もあります。

形容詞を修飾するのは、英語では副詞だけで、very good（とても良い）や extremely difficult（きわめて難しい）のように副詞が形容詞を修飾します。日本語では、「とても大きい」のように副詞が形容詞を修飾するほか、「すごく嬉しい」のように「すごい」という形容詞の連用形「すごく」が形容詞を修飾することもできます。

副詞を修飾するのは、英語では very early（とても早く）などのように副詞が副詞を修飾します。日本語では、「とてもゆっくり」のように副詞が副詞を修飾するほか、「すごくゆっくり」のように「すごい」という形容詞の連用形「すごく」が副詞を修飾することもできます。

日本語と英語で大きく違うのは動詞を修飾する品詞で、英語で動詞を修飾するのは副詞だけですが、日本語では「高く飛ぶ」や「綺麗に磨く」のように、形容詞や形容動詞も動詞を修飾します。

最後に、動詞や形容詞が何のために活用するかという観点から言うと、やはり英語と日本語で大きく異なります。英語の動詞が活用するのは、三つの理由（目的）があります。第一は「時制を表す」ためで、The stone falls.（石が落ちる）→ The stone fell.（石が落ちた）→ The stone is falling.（石が落ちていく）→ The stone has fallen.（石が落ちたところだ）のように時制が変わります。第二は「態を表す」ためで，We love John → John is loved のように，態（能動と受動）を表したりするために活用します。第三は「修飾のため」で，a broken vase（割れた花瓶）や I stood, crying.（泣きながら立っていた）のように，現在分詞や過去分詞の形で修飾します。また，英語の形容詞や副詞が活用するのは，Taro is taller than Hanako.（太郎は花子より背が高い）のように〈比較〉の概念を表したり，Jiro runs fastest in the class.（次郎はクラスで一番走るのが速い）のように〈最上級〉の概念を表すためです。

　一方，日本語の動詞・形容詞・形容動詞が活用するのは，次の語とスムーズに接続するためであって，活用によって時制を変えることも態を変えることもありません。

表6

活用形	語幹	接続の例
未然形	走ら 走ろ	走ら**ない** 走ろ**う**
連用形	走り 走っ	走り**ながら** 走っ**て**
終止形	走る	
連体形	走る	走る**とき**
仮定形	走れ	走れ**ば**
命令形	走れ	

たとえば、打ち消しの助動詞「ない」は未然形に接続することになっていますので、表6で言えば「走ら」という形に活用することでスムーズに「ない」と接続することになります。逆に、接続のための活用を間違えて終止形「走る」のまま助動詞「ない」を接続させると「走るない」のような形になりますが、この種の形は、幼児の発話に見られるものの規範的なものではありません。このように、日本語では、次の語にスムーズにつながるために動詞が活用するわけです。

　日本語の形容詞が活用するのも、動詞の場合と同じように、後続する語とスムーズに接続するためであって、比較や最上級の概念を表すことはありません。日本語の比較や最上級は、形容詞に何の変化（活用）も起こることなく表現できます。また、日本語の副詞は、そもそも活用しません。

　どの品詞が何のために活用するのか整理したのが、次の表7です。

表7

	英　　語	日　本　語
動詞	時制・態・修飾	次の語への接続のため
形容詞	比較概念を表すため	次の語への接続のため
副詞	比較概念を表すため	

動詞や形容詞が何のために活用するかという問いは、言語運用に直接関係ないと思われるかもしれませんが、英語に関しては「動詞は時制や態を表すため」とか「形容詞は比較を表すため」と明

瞭に答えられるのに比して，日本語の動詞や形容詞について答えに詰まる人がいることから，英語と日本語を複眼的に理解しようという趣旨で取り上げた次第です。

[コラム]　**副詞が名詞を修飾する**

　細かいことを言うと，日本語では「副詞が名詞を修飾する」という現象が見られます。その実例として「もっと右に行け」というとき，「もっと」という副詞は「行け」ではなく「右」を修飾していると解釈されます。というのも，直接の修飾関係でいうと「もっと行け」ではなく，（行く方向について）「もっと右」と言っているからです。このとき，「もっと」という副詞が「右」という名詞を修飾するという関係が成り立ちますので，学校国文法では「副詞が名詞を修飾する」という記述が見られるのです。

6.　文法用語の対応

　学校で教えられている学校国文法には，用語法に関してもっと大きな違いが見られます。英語では，名詞を修飾する節を「形容詞節（あるいは関係節）」と呼び，動詞や文を修飾する節を「副詞節」と呼びますが，これと同じ働きをする節を学校国文法では何と言うでしょう。また，学校英文法の「仮定法」と同じ働きをする表現方法が学校国文法にありますが，学校国文法では何と呼ばれているでしょう。

表8

英　　語	日本語
形容詞節	A
副詞節	B
仮定法（接続法）	C

答えは，A＝連体修飾部，B＝連用修飾部，C＝反実仮想，となります。AとBの名称が「○○修飾部」となっていることに注意してください。そもそも，学校国文法には「句」や「節」という用語がありません。学校国文法では，「語」よりも大きな単位を「部」という用語で呼び，学校英文法でいう「句」と「節」が区別されないのです。ですから，「修飾句」も「修飾節」も学校国文法では「修飾部」です。

　修飾の種類を示す「連体」や「連用」という用語も学校国文法に特有のものです。「連体」というのは，名詞を修飾する機能のことで，学校英文法で「形容詞的」と呼ばれるものです。「連体」という名称は，名詞を「体言」といい，その「体言に連なる」ことに由来します。また，「連用」というのは，動詞や形容詞などを修飾する機能のことで，学校英文法で「副詞的」と呼ばれるものです。「連用」という名称は，動詞・形容詞・形容動詞の三つが活用変化することから「用言」と呼ばれ，その「用言に連なる」ことに由来します。したがって，英語の「形容詞句」や「形容詞節」は学校国文法の「連体修飾部」になり，英語の「副詞句」や「副詞節」は学校国文法の「連用修飾部」になるわけです。一般言

語学では、「語」より大きな単位に「句」「節」「文」などの概念が設定されており、機能や構造に応じて「形容詞句」「副詞節」「複文」などの使われ方が一般的ですが、学校国文法（学校文法）に「句」や「節」などの概念はなく、「語」より大きな単位は「部」で括られます。したがって、「修飾語」より大きい修飾成分は「修飾部」と呼ばれることになります。

それでも、英語の「形容詞句」や「形容詞節」と日本語の「連体修飾部」は同じ働きをしますから、願わくは、英語の授業で形容詞節（関係節）を説明する際「国語でいえば連体修飾部にあたる」と補足され、あるいは、国語の授業では連体修飾部について「英語の関係節（形容詞節）にあたる」ことをコメントしていただければと期待しています。

学校国文法（学校文法）で、文を構成する成分として「語」と「部」という2種類しかないことの背景には、学校国文法（学校文法）に特有の「文節」という概念があります。「文節」とは、学校文法において「文を直接構成する基本単位」とされる重要概念で、「自立語一つ」または「自立語と付属語」からなるとされます。付属語というのは、助詞・助動詞の二つの品詞であり、簡単にいうと、付属語を自立語（名詞・形容詞・動詞など）に後接させたものが文節ということになります。文節は、いわゆる橋本文法の中核をなす概念ですが、学校国文法は、基本的に橋本文法を継承したものであり、文節を文の基本単位とする「文節主義」は現在もなお学校国文法で重要な概念として位置づけられています。この文節という概念を基本単位としているために、一つの文節からなる単位が「語」であり、二つ以上の文節からなる単位が「部」ということになります。

また，学校国文法に「目的語」という用語が認められていません。目的語がないのではなく，そういう用語がないために，表面的には「日本語には目的語がない」というふうに見えてしまいます。

　もう一つ，類似した文法概念に別の用語が与えられている事例として，「事実に反することを表す」表現法があります。英語では，これを「仮定法」といいますが，日本語の古典文法では同種の現象を「反実仮想」といいます。英語の授業で仮定法を解説するとき，「古典文法でいう反実仮想にあたります」とコメントしていただければ，二つのものが繋がって見えるようになるでしょう。[7]

7. 本当は難しい「語」の定義

　ところで，語（word）とは何でしょうか。「語」というものについて，教科書には，「意味を持つ基本単位で，二つ以上が結合したものであっても一つの単位として定着したものを含める」などと記述されていることと思いますが，実は語を定義することは非常に難しいことで，難しいと言うより，厳密には現代の言語研究は「語」の定義に成功していません。このことについて，もう少し具体的に考えてみましょう。日本語では，たとえば，「庭」や「掃除」という形式は，おそらく間違いなく「語」であると

---

[7]「文節」や「目的語」の問題については，第6章で詳しく取り上げます。「仮定法」と「反実仮想」については，第4章の第1節で取り上げます。

言っていいでしょうし、その二つが結びついた「庭掃除」というのも、複合語という語として扱われます。このとき考えなければならないのは、「庭掃除」というのが語として扱われるのに対して、同じような意味を持つ「庭の掃除」というのは語ではないという違いです。「庭掃除」が語であって、「庭の掃除」が語ではないという違いをどのように説明すればいいでしょう。「庭掃除」と「庭の掃除」を比べて明らかなのは、「庭の掃除」には、「の」という助詞が含まれていることです。そこで思いつくのは、「助詞が含まれるときは一つの語ではない」と補足的な規則を設ける方法でしょうか。しかし、その補則は適切ではありません。助詞を含んでいても一つの語として扱われるものがあるからで、たとえば「天の川」「孫の手」「木の芽時」あるいは「人となり（＝人柄）」のような「語」があり、助詞を含んでいれば語ではない、という基準は成り立ちません。こうした例が示すように、語というものを定義するのは実は難しいのです。

　一方の英語では、語は、原則として「分かち書き」という書き方がされ、アルファベットの連続した固まりが一つの「語」と扱われます。分かち書きというのは、要するに「他のことばと切り離して表記する」ということで、たとえば、I loved you. とあったとき、ここには語が三つあると扱われるのは、I と loved と you の三つが互いに切り離されて書かれているからと説明されます。このとき、loved は love と -d に分けられると言うかもしれませんが、love は語であっても、-d というのは分かち書きできませんから、語ではなく、語尾であって、全体として I loved you は3語ということになります。ということで、英語は語を表記の点から定義できるというように見えるかもしれません

が，それでも問題があって，たとえば，director's chair という表現が一例です。director's chair というのは，もともと「映画監督が使う折りたたみ椅子」のことですが，映画の撮影現場に限らず，同じようなデザインの折りたたみ椅子であれば，一般の人が使うものでも director's chair と呼びます。これは，1語なのでしょうか，2語なのでしょうか。もちろん，'s の部分が1語ということはありませんから，3語ということはありません。表記から見れば，二つに分かち書きされていますので，2語なのでしょうか。

　これを確かめる意味で，複数形にして「2脚のディレクターズチェア」という表現にしてみると，two director's chairs という形になります。つまり，two という数量詞に応じて複数形になるのは director ではなく，chair です。もし，2語であるならば，*two directors' chair となるところですが，そうではないということは，director's chair で一つの固まりになっていることが分かります。実際，英語話者にとっても，director's chair で1語という感覚のようです。そうすると「分かち書き」という客観的な基準も，英語の語を定義する基準にはならないことになり，結局，英語でも語の定義は確定できないというのが実際のところです。

[コラム] **品詞の判定**

　国語の時間でも英語の時間でも，よく「この語の品詞は何ですか」という発問がなされます。多くの場合，語の品詞は文中で一義的に決まるものなのですが，ときに品詞が決まらないこともあります。その実例として，テレビの告知で使われる「郵送を希望の方は，ハガキに住所氏名をご記入の上，次の宛先までお送りください」というときの「希望」が挙げられます。この表現の中での「希望」という語の品詞は何でしょうか。問題となる「希望」という語の直前の部分を見ると「郵送を」とあり，これに後続しているということから言えば「希望」は動詞（の語幹）と見なければなりませんが，同時に，その直後には「の」という格助詞が続いていますので，格助詞が後続するという点では「希望」は名詞であるということになります。つまり，「希望」という語は，直前の語から見れば動詞でなければならず，直後の語から見ると名詞でなければならず，結局，品詞を確定することができないということになります。

　同様に，家族の間で「九州に出張中，自宅から緊急の電話が入った」というとき，この中の「出張中」は，明らかに名詞のように見えますが，直前に「九州に」という連用修飾語が来ていますので，動詞でないとも言い切れません。名詞と動詞の両方の性質を持っているという点で，英語の動名詞に似ていると考えてもいいでしょう。

　いずれにせよ，「郵送を希望の方は」の「希望」や，「九州に出張中」の「出張中」のように品詞を確定できないものもあるのです。

第 2 章

英語から日本語の動詞・形容詞を知る

第2章では，英語の動詞・形容詞に関する10個のトピックを取り上げ，それに関連する日本語の知識や情報を加えて，対照分析的な解説を加える形になっています。

1. 英語の進行形と日本語のテイル形

学校英文法で，動詞を〈be 動詞 + ...ing〉の形にすると，進行（〜している）の意味になることは中学校1年生で学びます。このこと自体は難しくないのですが，中学生や高校生にとって重要なのは，英語の進行形が日本語の「〜ている」で訳されるからといって，日本語の「〜ている」で表される内容が（すべて）英語でも進行形で表されるわけではないという点です。たしかに，日本語の「〜ている」は，多くの場合，進行形で表すことが可能ですが，進行形で表せないものもあります。要点を先取りして言うと，日本語の「テイル形」には，大きく〈継続〉と〈結果状態〉という二つの意味があって，〈継続〉の意味は，英語の進行形 (be ...ing) で表されますが，〈結果状態〉の意味は，英語では進行形ではなく，形容詞や完了形で表されます。

では，日本語例から見てみましょう。日本語の「テイル形」には大きく二つの意味があります。〈継続〉と〈結果状態〉です。〈継続〉というのは，英語の進行形のようなもので，次のように例示されます。

(1) a. 太郎君がグランドを走っている。

b. 花子は何かを考えている。

(1a)の「走っている」は「走る」という行為が行われている最中であることを表しており，同様に，(1b)の「考えている」も「考える」という行為が行われている最中であることを表しています。[1]

図1

行為の最中を取り上げるためには，その行為がある程度の長さをもっていなければならないことに注意してください。「走る」という行為は，走り始めてから終えるまで，(その距離にかかわらず)ある程度の時間がかかります。だからこそ，その途中を抜き出すように「走っている」ということができるわけですし，「考える」という行為も，考えることを始めてから終えるまで，ある程度の時間がかかるからこそ，その最中を表すことができるわけです。時間的な幅をもつ動詞を活動動詞といいますので，日本語の「活動動詞＋ている」は英語でも進行形で表すことができるということになります。

---

[1] 文法の説明にあたって，「行為」という言い方は「考える」のような抽象的な事柄にも使っていいことになっています。

「テイル形」のもう一つの意味は〈結果状態〉と呼ばれるものです。〈結果状態〉というのは、瞬間的な変化が起こって、その後の状態を表すものです。

(2) a. 荷物が二つ来ています。
 b. 小さな虫が死んでいる。

(2a) の「来ている」が表しているのは、「来る」という出来事の途中でしょうか。いいえ、「来ている」と言えば、目に浮かぶのは「来た後の状態」です。「来ている」が進行の意味にならないのは、「来る」という出来事が、瞬間的な変化だからです。出来事が一瞬で終わってしまうのに、その途中をスローモーションで表すことはできません。このように、瞬間的な変化を表す動詞は「テイル形」にしたとき、その変化の後の状態（＝結果状態）を表すことになるのです。

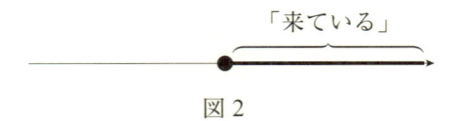

図2

同様に、(2b) の「死んでいる」も、実は瞬間的な出来事で、「死ぬ前の状態」から「死んだ後の状態」には一瞬で変わります。ですから、(2b) の「死んでいる」は、死ぬという出来事の途中を表しているのではなく、「死んだ後の状態」を表しています。

それでは、(1) と (2) の二つの「テイル形」が、英語ではどのように表されるかをみていきましょう。(1) の「テイル形」は、英語でも進行形で表されます。

(3) a. Taro is running in the ground.
　　b. Hanako is thinking something.

これらは (1) の日本語と同じで，行為の途中を表しています。気を付けなければならないのは，(2) のように，動詞が瞬間的な意味を表すときです。日本語では，瞬間的な出来事の動詞を「テイル形」にすると〈結果状態〉を表すと言いましたが，英語では，瞬間的な出来事の動詞を進行形 (be ...ing) にしたとき，〈結果状態〉にはなりません。英語では，次の (4) のように，これから起きようとする様子 (＝近接未来) を表します。

(4) a. Two parcels are coming soon.
　　　（もうすぐ荷物が二つ来るよ）
　　b. A small bug is dying.
　　　（小さな虫が死にかけているよ）

(4a) の形が表しているのは，「来ている」という「来た後」の結果状態ではありません。英語の瞬間動詞 come が進行形 (be ...ing) になったときに表すのは，「いまから来ようとしている状態」，つまり「来る前の状態」です。次のように描くことができます。

　　　　　be coming
　━━━━━━━━━━━━━●━━━━━━━━▶
　　　　　　　　　　到着
　　　　　　　　　図3

瞬間動詞が進行形で使われる最も日常的なケースとしては，たと

えば、家族の中で「夕飯ですよ!」「いま行きます」というような会話がなされるとき、英語では "Dinner is ready!" "I'm coming." のように、進行形が使われます。このときの "I'm coming." が「いまから行きます」の意味であり、「(もう)来ています」ではありません。同様に、(4b) でも、is dying というのは、「死んだ後の状態」ではなく、「死にそうな状態」を表します。このように、瞬間動詞が進行形で使われるときに表す「〜しそうな状態」を学校英文法の用語では「近接未来」といいます。[2]

表9

	ている(日本語)	be ...ing(英語)
活動動詞	進行(継続)	進行
瞬間動詞	結果状態	近接未来

では、日本語の (2) のような表現は、英語で、どう表現すればいいでしょうか。(2) は、およそ次のような英語で表現されます。

(5) a. Two parcels have come. (荷物が二つ来ている)
　　b. A small bug is dead. (小さな虫が死んでいる)

(5a) のように完了形で表すか、(5b) のように形容詞で表されま

---

[2] ちなみに、be dying は「まだ死んでいない」わけですから、小説などでいう「ダイイングメッセージ (dying message)」は、「まだ死んでいない人が、死ぬ直前に残したメッセージ」ということになります。

す。

　上で挙げた「活動動詞」と「瞬間動詞」のほかに,「状態動詞」と呼ばれる動詞があります。状態動詞が「テイル形」になった場合,「愛している」や「知っている」のような表現は,英語のknow や love がすでに状態を表す動詞ですので,そのまま I know … や I love … のように単純動詞形(進行形にしない)で表します。[3]

　そうすると,上に挙げた3種類の動詞(活動動詞・瞬間動詞・状態動詞)に関する日本語と英語の対応は,次のように整理できます。

表10

日本語	英語
活動動詞+ている　──→	進行形
瞬間動詞+ている　──→	完了形または形容詞
状態動詞+ている　──→	原形のまま(進行形にしない)

表10から分かるのは,日本語の「テイル形」が英語の進行形で表されるのは,動詞が活動動詞のときだけで,瞬間動詞や状態動

---

　[3] 原則として,英語の状態動詞は進行形にならないと言われますが,期間限定の出来事であれば状態動詞も進行形になります。たとえば,live(住む)という動詞は状態動詞で,普通は進行形になりませんが,I was living in Kyoto for four years in my student days.(学生時代に4年間京都に住んでいた)のような言い方は可能です。

詞のときは，別の方法で表すことになります。[4]

こうした分類にとって不都合なのは，中学校の英語科や国語科に「活動動詞」や「瞬間動詞」といった動詞の分類が採用されていないことです。国語科において「テイル形」の意味の差異を考えることで，動詞の語彙的な相（アスペクト）に関する理解も深まり，英語における be ...ing 形の用法に関する理解も高まるでしょう。そうした観点を含めた国語科の指導内容の改善が求められるところです。[5]

最後に，発展的なトピックを二つ追加しましょう。一つは，日本語の「テイル形」の多様性です。上の説明では「テイル形」の意味として〈継続〉と〈結果状態〉の二つのみを取り上げましたが，日本語の「テイル形」には，〈継続〉や〈結果〉のほかに，次の (6) や (7) に見られるような〈習慣〉や〈経験〉とも言うべきものがあります。

(6) a. 父は，健康のために毎日ジョギングをしている。

---

[4] 少し話がややこしくなりますが，同じような意味を表す動詞でも，日本語と英語で動詞の分類が異なることがあります。たとえば，英語の love は状態動詞ですので，通常，進行形にはなりませんが，日本語の「愛する」は活動動詞ですので「愛している」という言い方が可能です。

[5] 正確に言うと，動詞は，Vendler (1967) の提案により「状態動詞」「活動動詞」「到達動詞」「達成動詞」の四つに分類されます。「到達動詞」は，本書でいう「瞬間動詞」のことで，最後の「達成動詞」というのは「活動動詞」と「到達動詞（瞬間動詞）」の両方の性質をもつ動詞を指します。なお，伝統的な Vendler の 4 分類に対して，安藤貞雄 (2005) で改良案が提示されています。

b. 合唱部は，午後3時半から5時半まで音楽室で練習しています。
(7) a. 祖父は若いころ肺の手術を受けている。
　　b. 本校の野球部は10年間に県大会で4回優勝しています。

(6)の「テイル形」は，ジョギング中であることや練習中であることを表すものではなく，継続的に繰り返されているという点で〈習慣〉と呼ばれます。このような〈習慣〉の「テイル形」は，英語でも進行形で表されますが，〈継続〉との違いを示す意味で always を伴うことが多いようです。(7)は，「ている」を「たことがある」と言い換えられることから分かるように，過去の出来事を現在の視点から捉えたもので〈経験〉と呼ばれます。このような〈経験〉「テイル形」は，英語では，進行形ではなく，現在完了形で表されます。

2. 不規則動詞も特徴を知ると納得できる

　動詞には規則動詞と不規則動詞があります。規則動詞は，活用（語形変化）させるのに一定の規則（ルール）を覚えて，それを適用すればいいのに対して，不規則動詞は動詞ごとに活用形を覚えていかなければなりません。ただ，不規則動詞には，それなりの理由があり，同様の現象が日本語にもあることを見ていきたいと思います。
　英語の動詞に規則動詞と不規則動詞があることは中学校で学習します。英語の規則動詞は，過去形や過去分詞形を作るとき，動

詞の原形に一定の規則を適用すればいいもので，多くの動詞は規則動詞です。

	〈原形〉		〈過去形〉		〈過去分詞形〉
(1)	talk	→	talked	→	talked
(2)	create	→	created	→	created
(3)	carry	→	carried	→	carried
(4)	drop	→	dropped	→	dropped

その規則には，① 語尾に -ed を付けよ，② 語尾が e で終わるものは -d を付けよ，③ 語尾が y のものは y を -ied に変えよ，④ 短母音 + 子音で終わるものは子音を重ねて -ed を付けよ，という四つがあります。これらの規則（ルール）を覚えて，それを適用すれば過去形や過去分詞を作ることができます。

これに対して，不規則動詞は，動詞の原形から直接その動詞に特有の過去や過去分詞が作られるものをいいます。

	〈原形〉		〈過去形〉		〈過去分詞形〉
(5)	go	→	went	→	gone
(6)	say	→	said	→	said
(7)	eat	→	ate	→	eaten
(8)	see	→	saw	→	seen

このような不規則動詞は，どうしても，そのまま暗記しなければならず，面倒と感じるかもしれませんが，不規則動詞があることには理由があります。それは，不規則動詞は「よく使う動詞」ということです。規則動詞は，もとの形（原形）に -ed をつけるという点で，操作が簡単であることに間違いはないのですが，不規

則動詞は -ed をつけるという操作さえ必要なく，すでに出来上がったものが用意されているわけですから，手っ取り早いというわけです。頻度の低い動詞が不規則動詞にならないのは，使う頻度が高くなければ，変化を覚えられないという事情によるものといっていいでしょう。

　不規則動詞は，日本語にもあります。現代日本語の文法では，動詞の活用に5種類があり，そのうち，カ行変格活用とサ行変格活用が，いわば日本語の不規則動詞です。「変格」というのは「通常の格式（正格）から外れている」ということで，要するに「不規則」ということです。「する」と「来る」が変格活用（不規則変化）になっていることは，この2語の使用頻度が高いことを反映しています。

　このような意味での不規則動詞に関して興味深いと思われるのは，尊敬語や謙譲語の中にも不規則動詞が見いだされることです。動詞の尊敬語は「お〜になる／ご〜になる」の形が基本であり，謙譲語は「お〜する／ご〜する」の形が基本です。多くの動詞は，この規則によって尊敬語や謙譲語の形が作られます。

	〈常体〉		〈尊敬語〉		〈謙譲語〉
(9)	待つ	→	お待ちになる	→	お待ちする
(10)	報告する	→	ご報告になる	→	ご報告する

これに対し，次のような動詞は，固有の尊敬語や謙譲語をもっています。

	〈常体〉		〈尊敬語〉		〈謙譲語〉
(11)	行く	→	いらっしゃる	→	参る

(12)　言う　　→　おっしゃる　→　申し上げる
(13)　食べる　→　召し上がる　→　いただく
(14)　見る　　→　ご覧になる　→　拝見する

これらの動詞は，よく使われる動詞で，通常の規則を適応するという手順が飛ばされている点で，まさに英語の不規則動詞と同じ特徴をもっています。このような動詞には，次のようなものがあります。

表11

常　体	尊　敬　語	謙　譲　語
する	なさる	致す
くれる	下さる	φ
もらう	φ	いただく
やる／与える		差し上げる
言う	おっしゃる	申し上げる
いる	いらっしゃる	おる
行く	いらっしゃる	参る
食べる	召し上がる	いただく
飲む	召し上がる	いただく
着る	お召しになる	φ
見る	ご覧になる	拝見する

会う		お目にかかる
聞く		伺う
尋ねる		伺う
訪ねる		伺う
伝え聞く		承る
引き受ける		承る
承諾する		承る
思う		存じる

この表11で,「ϕ」(ファイ)がついたところは「該当するものがない」ことを表します。たとえば,「くれる」という動詞に謙譲語がないのは,「くれる」という行為は,他者(自分以外の人)の行為を指しますので,その行為をする人(他者)をへりくだらせるような語形(謙譲語)は存在しないわけです。また,「もらう」という動詞に尊敬語がないのは,「もらう」というのは自分の行為を指す動詞ですので,その行為者(自分)を高めるような語形(尊敬語)は存在しないのです。また,空欄になっているところは,語形は存在するものの,不規則動詞ではなく,規則どおりに作られるところです。たとえば,「やる」の尊敬語は,〈お〜になる〉というパタンをあてはめて,「おやりになる」という形になります。上述の (9) や (10) と異なり,表11に挙げた尊敬語や謙譲語は,基本形(常体)から規則的に作られるのではなく,動詞ごとに固有の形が設定されています。この点で,表11のような動詞こそ

不規則動詞と呼ぶべきものです。[6]

その上で，では，日本語の不規則動詞を敬語の動詞表現にも求めるとき，日本語の不規則動詞と英語の不規則動詞に，どれくらいの共通性があるでしょうか。日本語で不規則変化になる動詞と英語で不規則変化になる動詞を比較するため，次の表 12 を見てください。

表 12

常体	変格活用	敬語	不規則動詞	英語動詞
する	○	○	○	do
もらう		○	○	get
やる／くれる		○	○	give
言う		○	○	say
いる	(○)	○	○	be
行く		○	○	go

---

[6] 2007 年に文化審議会国語分科会から「敬語の指針」という新しい敬語の考え方が提唱され，敬語は〈尊敬語〉〈謙譲語 ①〉〈謙譲語 ②〉〈丁寧語〉〈美化語〉という五つに再分類されました。ただ，本書の議論では，尊敬語や謙譲語に専用の語形があるかどうかだけを問題にしていますので，表 11 では〈謙譲語 ①〉と〈謙譲語 ②〉を区別しませんでした。新しい 5 分類に関する解説書として，菊地康人（2010）を勧めます。

来る	○	○	○	come
食べる		○	○	eat
飲む		○	○	drink
着る		○	○	wear
見る		○	○	see
会う		○	○	meet
知る		○	○	know
聞く		○	○	hear
尋ねる／訪ねる		○		ask/visit
思う		○	○	think

一番左の列は日本語の常体（＝敬語になっていない形）で，左から二番目が「常体」の動詞の活用の種類が変格活用に該当するかどうかを示しています。○は，現代語でも古典語でも変格活用動詞であることを示し，（○）は，古典語（古代日本語）において変格活用動詞だったことを示します。「する」と「来る」は現代語でも古典語でも変格活用動詞ですので○を付け，「いる」は現代語では変格活用ではないものの，古典語では「をり」という形で変格活用動詞でしたから（○）としました。その右（左から3列目）では「常体」の動詞のうち，敬語の尊敬語あるいは謙譲語に専用の語形を持つものに○を付けました。表12にあげた16の動詞すべてで，尊敬語あるいは謙譲語に専用の語形があることが分かり

ます。右端の 2 列は英語に関するもので，一番右の列「英語動詞」には，一番左の列の動詞に対応する英語動詞を挙げています。右から 2 列目は「英語動詞」が，不規則動詞かどうかを○で示しています。表 12 に挙げた 16 の動詞は，日本語の敬語動詞が「不規則」になるものですが，このうち，実に 15 語が，意味的に対応する英語の動詞でも不規則になっています。日本語の「尋ねる／訪ねる」は謙譲語に「伺う」という不規則的な形が存在するのに，英語の ask/visit が規則動詞なのは，この表の中の唯一の例外です。

　ところで，英語と日本語で共通点に気づいたでしょうか。日本語の「する」や「来る」が不規則動詞（変格活用動詞）であるのと同様に，英語の do や come も不規則動詞ですし，上に挙げた英語の (5)-(8) と，日本語の (11)-(14) を比べると，同じ意味の動詞が不規則動詞になっています。これらは，やはり「よく使う動詞」という特徴を共有しています。一方で，英語と日本語で一致しないところもあります。英語の stand が不規則動詞であるのに，日本語の「立つ」は不規則動詞ではありません。このような言語による違いは，文法のどの側面にもあることで，言語ごとの違いを認めることも，ある意味では異文化理解でもあります。

　では，不規則変化になる動詞というのは，どのような動詞なのでしょうか。英語の不規則動詞を歴史的な観点から見ると，古い時代の英語には「強変化動詞」と呼ばれるものと「弱変化動詞」と呼ばれるものがありました。強変化動詞は，母音交替（動詞の中に含まれる母音が別の母音に変わること）を含む動詞で基本的な意味をもつ動詞に多く，弱変化動詞は母音交替を含まない動詞をいいます。現代英語の不規則変化動詞は，かつての強変化動詞を引

き継いだものであり,基本的な意味をもつ動詞に多いことから「よく使う語ほど不規則になりやすい」という傾向は歴史的(通時的)にも認められ,英語のほか,ドイツ語・スペイン語・イタリア語などでも同様の現象が観察されるといいます。

そこで,現代英語の動詞を使用頻度という観点から見てみましょう。*Concise Oxford English Dictionary*, Revised Eleventh Edition の CD-ROM 版に Appendix として掲載されている English Uncovered というコラムによると,頻度の高い上位 25 の動詞は次の語であり,このうちの上位 12 位までの動詞すべてが不規則動詞でした。

表 13

1 be	2 have	3 do	4 say	5 get
6 make	7 go	8 know	9 take	10 see
11 come	12 think	13 look	14 want	15 give
16 use	17 find	18 tell	19 ask	20 work
21 seem	22 feel	23 try	24 leave	25 call

13 位以下の語にも不規則動詞は五つありますので,結局,トップ 25 語の中で,不規則動詞は 17 語にのぼり,規則動詞は look, want, use, ask, work, seem, try, call の 8 語にとどまっています。

一方,日本語において,独自に『源氏物語語彙用例総索引』を用いて行った計算によると,源氏物語の中の動詞の出現回数は 9,273 で,このうち変格活用動詞(カ変動詞,サ変動詞,ナ変動詞,ラ変動詞)の出現回数は 617 であり,変格活用動詞の占める割合

は 6.7% でした。これを，出現回数の多い上位 100 位までに限定すると，変格活用動詞の出現回数は 21 であり，変格活用動詞の占める割合は 21% に上昇し，変格動詞が上位のほうに固まっていることが分かります。

　以上，英語と日本語の相対的な理解という観点から，英語の不規則動詞を日本語と相対化させることを試みました。不規則変化という一般的な特徴からいえば，英語の不規則動詞に日本語の変格活用を対応させるのが一般的でしょうが，ここでは，英語の不規則動詞に対して日本語の敬語動詞を対応させたところに特徴があります。というのも，変格活用動詞よりも，日本語の敬語動詞（尊敬語・謙譲語）のほうが英語の不規則動詞と重なるものが多いからです。

3. 形容詞の不規則変化

　動詞の不規則変化は，基本的に使用頻度の高さを反映しますが，形容詞の場合はどうでしょうか。英語の形容詞や副詞にも規則変化と不規則変化があり，規則変化する形容詞や副詞は -er をつけて比較級となり，-est をつけて最上級となるのに対し，不規則変化の形容詞や副詞は，固有の比較級や最上級があり，たとえば，good-better-best, bad-worse-worst, many-more-most のように，形そのものが変わります。こうした不規則形容詞は，やはり使用頻度の高い形容詞です。

　一方，日本語の形容詞や副詞はどうでしょう。古典語の形容詞には 2 種類の活用がありました。ク活用とシク活用で，一般的な傾向として，ク活用の形容詞は「遠し」「高し」「白し」などの

ように客観的な性質を表すものが多く，シク活用は，「楽し」「悲し」「恋し」「恐ろし」「なつかし」「ゆかし」などのように主観的な情意（心情）を表すものが多いと言われます。もちろん，例外もあって，ク活用でも「痛し」「憎し」「憂し」のように主観的な情意（心情）を表すものもあり，シク活用にも「賢し」のように客観的な性質を表すものもあります。それでも，古典語の形容詞はク活用とシク活用の2種類しかなく，変則的な変格活用というものはありません。日本語の形容詞に不規則変化（変格活用）がないのは，山口（1971）が言うように，古い時代から形容詞が語彙的に不足していたことも背景にあると思われます。英語では最大の英語辞書 *Oxford English Dictionary* (second edition) に採録されている語のうち，名詞が半分以上あり，形容詞が4分の1，約7分の1が動詞とされるのに対し，日本語では，『新選国語辞典』（第9版）に収録されている76,536語のうち，名詞が61,326（80.13％）で，動詞が6,963（9.10％）あるのに，形容詞は929（1.21％）しかないとあります。日本語の形容詞に不規則活用が生じなかったのは，そもそも規則活用と不規則活用（変格活用）に分かれるほどの語彙量がなかったことに理由があるように思われます。日本語で形容詞が少なかったのを補っていたのが形容動詞（『新選国語辞典』で1,511語，1.98％）で，形容動詞は「クールな」や「安定的」のように比較的容易に造語することができるようです。

　なお，日本語の副詞は，（英語の副詞と異なり）活用しません。

4. 時制と相

　学校英文法で「時制」という用語を学習します。時制というのは，時間軸の上の「位置」のことで，具体的には「過去」「現在」「未来」の三つが設定されています。視覚的には，次のように表されます。

```
    過去      現在      未来
─────●───────●───────●─────
```

図 4

時制とは別に，学校英文法では「相」という表現があることを学習します。「相」という用語そのものは，学校では使わないかもしれませんが，〈進行〉や〈完了〉のように，その時点での出来事の様子（局面）を表すものです。〈進行相〉というのは，その時点で出来事が進行中であること（始まりと終わりがあって，その途中であること）を表し，〈完了相〉というのは，それ以前に起こった出来事が（何らかの意味で）その時点まで続いていることを表します。時制と相は，次の図のような関係にあり，組み合せることで実際の表現が作られます。[7] この表の中で〈単純〉というのは，〈進行〉でも〈完了〉でもない基本の表現のことです。

---

[7] 時制は，専門用語で「テンス」といい，「相」は「アスペクト」といいます。なお，「テイル形」については，第 2 章の第 1 節もご覧ください。

表14

相＼時制	過去	現在	未来
単　純	過去	現在	未来
進　行	過去進行	現在進行	未来進行
完　了	過去完了	現在完了	未来完了

組み合わせのパタンは，たとえば，〈現在〉という時制において出来事が〈進行〉の状態にあれば現在進行ができますし，〈過去〉という時制において出来事が〈完了〉の状態にあれば過去完了ができます。表14に具体的な表現を入れると，次の表15のようになります。

表15

相＼時制	過　去	現　在	未　来
単　純	walked	walks	will walk
進　行	was walking	is walking	will be walking
完　了	had walked	has walked	will have walked

ここに挙げた9とおりの表現は，三つの時制（過去・現在・未来）と三つの相（単純・進行・完了）の組み合わせでできていることが分かるでしょう。

　一方，日本語の時制や相は，どうなっているでしょうか。古代日本語では，過去や完了が6種類の助動詞で表されていまし

た。[8] 過去を表す助動詞に「き」と「けり」があり，完了を表す助動詞に「つ」「ぬ」「たり」「り」があります。

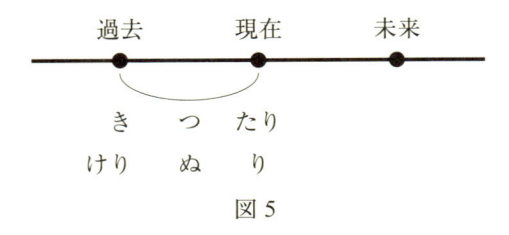

```
       過去        現在        未来
        ●─────────●──────────●
            き    つ    たり
            けり  ぬ    り
                図 5
```

完了を表す四つの助動詞「つ」「ぬ」「たり」「り」のうち，「つ」と「ぬ」の二つは，いわゆる「完了」で，「きっと」という〈強意〉の意味にもなるものです。残りの二つ「たり」と「り」も，〈完了〉ではありますが，「今もしている」という〈存続〉の意味でも用いられます。

では，現代日本語は，どうでしょう。現代日本語は，古典語に比べ，時間構造が単純化されました。大きく言うと，過去や完了の助動詞は「た」に一本化され，現代日本語では〈助動詞「た」がつく形〉と〈助動詞「た」がつかない形〉の間で意味が分かれるようになりました。このうち，〈助動詞「た」がつく形〉というのは，たとえば「見つける」という動詞であれば，文字どおり「見つけた」という形を指し，〈助動詞「た」がつかない形〉というのは，そのまま「見つける」という形を言います。このうち，

---

[8] このほかに，過去推量の「けむ」と「あり」があり，藤井貞和 (2010) によれば，古典語では最大八つの助動詞が使い分けられていたといいます。

〈助動詞「た」がつく形〉とか〈助動詞「た」がつかない形〉というのは，言い方が回りくどいところがありますので，単純化して，それぞれ〈タ形〉〈ル形〉と呼ぶことにします。この呼び方は，日本語教育で使われるもので，「タ形」は，一般には〈過去〉を表すと言われますが，本来は〈完了〉を表します。「ル形」は，基本形（あるいは辞書形）の動詞で，助動詞の「た」が付いていないという点で「非タ形」とも呼ばれます。「ル形」が「非タ形」と呼ばれるのは，その意味が〈完了ではない部分〉を表すことを反映したもので，「ル形（＝非タ形）」が表すのは〈未完了〉ということになります。「タ形」と「ル形」の表す範囲は，およそ次のように図示できます。

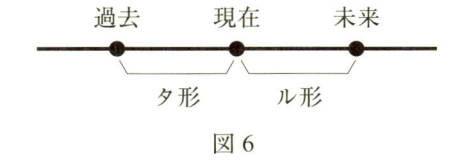

```
    過去      現在      未来
     ●────────●────────●
       \____/  \____/
        タ形    ル形
```

図6

このように見ると，日本語では，時制（過去や現在）によって時間軸を三つに区切るというより，むしろ〈完了（＝現在まで）〉と〈未完了（＝現在以降）〉という対立で成り立っていることが分かります。

その上で，「タ形」の「た」とは，言うまでもなく，助動詞「た」ですが，この「た」は，古典語の「たり」が，他の完了の助動詞「つ」「ぬ」「り」や過去の助動詞「き」「けり」の用法を吸収しながら変遷したもので，過去というより完了の意味を持っています。「先週，九州に行った」のように，「先週」という明確に過去を示す語と一緒に用いられれば［過去］の事態ということになります

が、「いま、流れ星、見た？」と言えば、過去の事実と言うより、まさに「いま」完了したばかりの事態を表します。また、何か無くしたものを捜しているとき「こんなところにあった」といえば、「ある」という事実が過去に起こったのではなく、落とし物が「こんなところにある」という事態を「いま」確認したことを表します。

これに対し、「ル形」は、現在および未来の事象を表しますが、述語の種類によって微妙な違いがあります。述語の種類というのは〈動態述語〉と〈静態述語〉のことで、〈動態述語〉は「歩く」や「発生する」のように動作や出来事を表す動詞を指し、〈静態述語〉は「ある」や「いる」のように状態を表す動詞や形容詞・形容動詞を指します。

動態述語の場合、「ル形」は、「来週の水曜日に調査委員会が開かれる」のように未来のことを表すほか、「地球は太陽のまわりを公転する」のように普遍的事実を表します。動態述語で〈現在〉のことを表すには、「テイル形」を使うことになっています。

静態述語の場合、「ル形」は「机の上に花瓶がある」や「明日、大事な会議がある」のように、現在および未来の事象を表します。

表16

	タ　形	テイル形	ル　形
動態述語	過去・完了	現　在	未　来
静態述語	過去・完了		現在・未来

この表は、「タ形」と「ル形」によってどのような時制を表すかを整理したものですが、これを時制別に再整理すると、次のようになります。

表 17

	過去・完了	現　在	未　来
動態述語	タ　形	テイル形	ル　形
静態述語	タ　形	ル　形	ル　形

これらの表は、日本語を母語とする人は日常的に意識することなく、表 16 や表 17 のような使い分けができているわけですが、日本語学習者にとって、表 16 は日本語を読んだり聞いたりするときのためのもので、表 17 は日本語を書いたり話したりするためのものということになります。

5. 英語の助動詞と日本語の助動詞

　英語と日本語では、助動詞が接続する語に違いがあり、助動詞が接続する語の形にも違いがあります。いずれの点も、日本語に比べ、英語の助動詞は使い方が単純です。

　英語の助動詞は、中学 1 年から学習しますが、その使い方は比較的単純です。英語の助動詞の基本的なポイントは、次の三つです。

　【英語の助動詞】
　[A]　英語の助動詞は、平叙文では動詞（be 動詞を含む）の

前に置いて，動詞の意味を補う。
- [B] その動詞（be 動詞を含む）は常に原形を使う。
- [C] 助動詞を二つ以上続けて使うことはできない。

これに比べて，日本語の助動詞は，実は複雑な特徴を持っています。

【日本語の助動詞】
- [ア] 日本語の助動詞は，動詞の後ろに置かれるが，動詞のほか，形容詞・形容動詞・名詞にも接続する。
- [イ] そのさい，前接する動詞・形容詞・形容動詞は，後接する助動詞に応じて形を変えなければならない（活用しなければならない）。
- [ウ] 助動詞を二つ以上続けて使うことができる。

これら三つの点を比べると，英語のほうがはるかに単純であることが分かります。

まず，1点目として，日本語の助動詞が接続するのは動詞に限りません。次の (1) のうち，(1a-c) には文末に完了の助動詞「た」が現れていますが，助動詞「た」がついている語の品詞はさまざまです。

(1) a. 太郎は1人でスイカを食べた。　　［動詞＋助動詞］
　　b. 太郎のスイカは大きかった。　　　［形容詞＋助動詞］
　　c. 太郎の食べ方は豪快だった。　　　［形容動詞＋助動詞］
　　d. 太郎のスイカは熊本産だ。　　　　［名詞＋助動詞］

助動詞「た」が接続している語を見ると，(1a) から (1c) の順に，

動詞「食べる」，形容詞「大きい」，形容動詞「豪快だ」となっており，英語の助動詞が動詞にしか接続しないのと大きく違います。また，(1d)では「熊本産」という名詞に，直接，断定の助動詞「だ」がついており，助動詞が名詞に付く点で英語との違いがよく現れています。

2点目に，助動詞が接続する動詞・形容詞・形容動詞のほうも，助動詞に応じて形を変えなければなりません（活用しなければなりません）。

(2) a. 太郎は手紙を書かない。　　［未然形］
　　b. 太郎は手紙を書きます。　　［連用形］
　　c. 太郎は手紙を書くそうだ。　［終止形］
　　d. 太郎は手紙を書きそうだ。　［連用形］

(2)の例では，「書く」という動詞にいろいろな助動詞が接続していますが，その助動詞に応じて活用形を変えています。(2a)のように「ない」という〈打ち消し〉の助動詞が接続するときは未然形になっていますし，(2b)のように「ます」という〈丁寧〉の助動詞が接続するときは連用形になります。注意すべき例として，(2c)と(2d)は，同じ「そうだ」という助動詞が接続していますが，(2c)のように，〈伝聞〉の意味では「書く」という終止形になり，(2d)のように〈様態〉の意味では「書き」という連用形にならなければなりません。

3点目に，日本語の助動詞は，二つ以上続けて使うことができます。

(3) a. 花子は本当は図書委員になりたかった。

b.　子どもを一人では行かせられません。

(3a) には文末に助動詞が二つ続いています。「たかっ」と「た」です。このうち「たかっ」は〈希望〉を表す「たい」の未然形で，「た」は〈完了〉の助動詞と言われます。(3b) には「せ」「られ」「ませ」「ん」という四つもの助動詞が続いています。「せ」は〈使役〉の助動詞「せる」の未然形，「られ」は〈可能〉の助動詞「られる」の連用形，「ませ」は〈丁寧〉の助動詞「ます」の未然形，「ん」は〈打ち消し〉の助動詞「ぬ(ん)」の終止形です。ちなみに，助動詞「ない」や「ぬ(ん)」の意味は〈打ち消し〉といい，〈否定〉とは言いません。

　日本語の助動詞については，英語と異なり二つ以上の助動詞を連続して使用することが可能ですが，その接続（承接）の順序に一定の原則があることが知られています。たとえば，動詞「飲む」に二つの助動詞「たい」と「らしい」を接続させるとき，(4a) のような順序になり，(4b) のような順序は許されません。

　(4) a.　飲みたいらしいよ。
　　　b.　*飲むらしいたいよ。

この例は，「たい＋らしい」という連続は可能でも，「らしい＋たい」という連続が成り立たないことを示しています。助動詞の接続順序は，すでに国語学の研究成果によって一般化されており，渡辺実 (2001: 40) は次のような表を提示しています。

表18

	第1類				第2類	第3類
甲種	だ				らしい	だろう
乙種	せる	れる	たい	そうだ	ない, た	う
	まい					

この表の縦軸について、甲種とは体言にも用言にも接続するものを指し、乙種とは用言にしか接続しないものをいいます。また、横軸について、第1類とは述語の一部に近いものをいい、第2類は述語の延長といっていいものであり、第3類は終助詞に準じるものとされます。

伝統的な国語学では、助動詞や終助詞の承接原理が研究されているものの、複数の助動詞が接続できることが自明の事実のように扱われており、この事実の特異性が強調されてはいません。この点を含めて、英語の助動詞と日本語の助動詞を整理すると、次のようになります。

表19

	英語の助動詞	日本語の助動詞
接続する品詞	動詞のみ（be動詞を含む）	動詞・形容詞・形容動詞・名詞・助動詞
接続する語の形態	原形のみ	助動詞によって異なる（未然形 or 終止形 or 連用形）
助動詞の重複	不可	複数の接続が可能

このように，日本語の助動詞が接続において複雑であるのに比べれば，英語の助動詞は非常に単純であり，日本語の助動詞を使えている人なら英語の助動詞は全然難しくない，といってもいいでしょう。現行の教科書では，英語科では中学1年で助動詞を学習するのに，国語科では中学3年生になって初めて（日本語の）助動詞を学習することになっています。国語科で助動詞を学習する時期が中学3年生となっているのは「助動詞は難しいから」ということのようですが，すでに中学1年生で英語の時間に（英語という外国語の）助動詞を学習しているのに，日本語の助動詞が中学3年生になるのを待たなければならないほど日本語の助動詞が難しいというのは滑稽な話ですね。日本語と英語の連携という観点からいえば，むしろ先に日本語の助動詞を学習し，助動詞という品詞の機能を母語の中で学習してから，英語の助動詞を学習するのが合理的ではないでしょうか。

6. 日本語の受動文と英語の受動文

　受動文という構文は，英語にもありますし，日本語にもあります。英語の受動文も，日本語の受動文も同じような操作によって作られますが，日本語には「直接受動文」と「間接受動文」という2種類の受動文があり，直接受動文はほぼそのまま英訳できるのに，間接受動文を英訳するときは，やや複雑な構文を使う必要があります。

　英語の受動文を指導するとき，一般に三つの操作（ルール）が示されます。

① 目的語を主語に移動し，
② 述語を〈be＋過去分詞〉の形にし，
③ 元の主語を by の目的語に移動する

これによって，たとえば，Everyone loves Mary. という能動文から Mary is loved by everyone. という受動文が作られます。
　一方，日本語の受動文にもルールがあります。

① 「を」や「に」等のついた成分を主語（ガ格）に昇格させ，
② 述語動詞に助動詞「(ら)れる」をつけ，
③ 元の主語（ガ）を「に」または「によって」に降格する

学校国文法には「目的語」という概念が設定されていませんので，単純に「主語と目的語を入れ替える」というような言い方はできません。このため，名詞に付ける格助詞をそのまま使って「『を』のついた名詞」や「『に』のついた名詞」などといいます。具体的な例として，次の (1a) の能動文から (1b) の受動文を作るにあたって「ヲ格」が主語に格上げされています。

(1) a.　太郎が花子を殺した。
　　 b.　花子が太郎に殺された。　　［ヲ格からの格上げ］

この例では，能動文 (1a) で「ガ格」だった「太郎」が「ニ格」になり，代わりに，「ヲ格」だった「花子」が主語（ガ格）に格上げされています。
　日本語の受動文で特徴的なのは，「ヲ格」の目的語だけでなく「ニ格」や「カラ格」からも受動化ができるという点です。

(2) a.　太郎が警官に道を尋ねた。

b.　警官が太郎に道を尋ねられた。　［ニ格からの格上げ］
(3) a.　太郎が花子から財布を盗んだ。
　　　b.　花子が太郎に財布を盗まれた。　［カラ格からの格上げ］

これらの (2) および (3) では,「ガ格」だった「太郎」が「ニ格」になる代わりに, それぞれ「ニ格」の「警官」と「カラ格」の「花子」が主語に昇格しています。

　また, 次のように「ノ格」が主語になるような受動文も成立します。

(4) a.　太郎の妻が逃げた。
　　　b.　太郎が妻に逃げられた。　［ノ格からの格上げ］

少し分かりにくいかもしれませんが, 能動文で「ガ格」だった「妻」が受動文で「ニ格」になり, その代わり, 能動文で「ノ格」だった「太郎」が受動文で主語（ガ格）になっています。[9]

　上述の内容から, 受動化によって主語に昇格する成分は次のように整理できます。

　　ヲ格成分　＞　ニ格成分　＞　カラ格成分　＞　ノ格成分

この序列は, 日本語で受動化しやすい格成分を左から並べたものです。日本語学では, (1) や (2) のように,「ヲ格」や「ニ格」が主語になる受動文を「直接受動文」といい, (3) や (4) のように,「カラ格」や「ノ格」を主語に昇格させるような受動文を「間接受

---

[9] (4) に関しては, Shimizu (1975) や Palmer (1994: 131) も,「ノ格」からの受動化を認めています。

動文」あるいは「間接受け身文」と呼んでいます。重要なことは，間接受動文を英語にするとき通常の方法で受動化できないという点です。実際，間接受動文を英語で表すには，次のように，have を使った特殊な構文が必要になります。

(5) a.　Taro had his wallet stolen by someone.
    b.　Taro had his wife run away.

日本語の間接受動文を英語で言おうとすれば，(5a) のような〈have＋目的語＋過去分詞〉のパタンで作られますが，(5b) のように動詞が自動詞のときは，〈have＋目的語＋原形〉になります。このとき，(5b) の run は過去分詞ではなく，原形であることに留意してください。[10]

　さらに，間接受動文について補足すると，日本語には次のような受動文もあります。

(6) a.　太郎が雨に降られた。
    b.　太郎が赤ちゃんに泣かれた。

こうした受動文に，あえて能動文を与えれば，次のような能動文が対応します。

(6) a′.　雨が太郎のところに降った。
    b′.　太郎のせいで赤ちゃんが泣いた。

---

[10] (5b) は，文法的に間違ってはいませんが，やはり，やや不自然で，実際には，His wife left him.（奥さんが彼のもとを去った）のほうが自然でしょう。

これらの例は日本語研究者の間でも議論の多いところですが，能動文に「ところ」や「せい」のような形式名詞が含まれていて，受動化にあたって，主語の「雨」や「赤ちゃん」が「ニ格」になり，その代わり「太郎」から形式名詞が外れて主語になっています。このような間接受動文は日本語に特徴的なもので，もちろん英語などにはない構文です。日本語の表現が必ずしも同じように英語で表されるわけでないことは，もうお分かりでしょうが，間接受動文は，その典型的なものなのです。

これらが現代日本語の受動文に関する概観ですが，高等学校レベルでは，① 日本語には，(1)，(2) のような直接受動文と (3)，(4)，(6) のような間接受動文という2種類があり，② 直接受動文は直接英語で表現できるのに，間接受動文が逐語的に英訳できないという2点が伝われば十分でしょう。

7. 日本語の使役と英語の使役

日本語にも英語にも使役表現があります。英語の使役は make や let など使って表しますし，日本語の使役は助動詞の「せる」や「させる」を使います。

英語の使役には使役動詞と呼ばれる動詞があり，学校で学習するのは主に，make, let, have, get の四つです。これら四つの使役動詞は，それぞれ次の (1)–(4) のように例示されます。

(1) a. The emperor made slaves work to build a pyramid.
（皇帝はピラミッド建設のため奴隷たちを働かせた）
b. Tom always makes everyone laugh in the class-

room.

(トムはいつもクラスでみんなを笑わせる)

(2) a. We will let you know the results later.

(結果は後でお知らせします)

b. My father let my sister study abroad.

(父は妹を留学させた)

(3) a. John had his secretary call at 10:00.

(ジョンは秘書に10時に電話させた)

b. John had a tailor make his new suits.

(ジョンは洋服屋に新しいスーツを作らせた)

(4) a. Bill got his father to stop smoking.

(ビルは父の喫煙を止めさせた)

b. Mary got his husband to buy a new car.

(メアリーは夫に新しい車を買わせた)

(1)–(4)の構文は,いずれも和訳すれば「～させる」という日本語になり,差異が見えにくいのですが,使役動詞としてのmakeは非常に強い使役で,letは非常に弱く,その中間にあたるのがhaveとgetということになります。

(1)で例示したmakeは,[強制]の意味を持ち,いわば対象を無理矢理変化させるというニュアンスです。make slaves work(奴隷を働かせる)のように,対象が嫌がっている場合もありますし,make us laugh(笑わせる)のように対象にとって必ずしも嫌ではない場合であっても,ある種の[強制]ですからmakeが使われます。

(2)で例示したletは,(1)と対照的で,強制力のない[許可]

あるいは［放任］の意味を持ち，およそ「相手がしたいようにさせる」という意味の「させる」です。

　(1) と (2) が強制力の強さ（弱さ）で違いが出るのに対し，(3) の have と (4) の get は，働きかけの仕方に違いが出ます。

　(3) に例示した have は，そもそも「持っている」ということで，have する（持っている）ということは，持っているものを（ある程度自由に）利用できるということですから，使役構文でも「O（＝目的語）が〜することを S は利用できる」というようなニュアンスでとらえてみてください。そうすると，「誰かがそうする状態を（当然のことのように）持っている」というニュアンスで，全体として「主語が事態を促進すれば，対象が意図的に行動する」という感じです。このような have の使役は，俗に「当然の使役」と呼ぶようなもので，主語 (S) が「軽く依頼すれば，それを目的語 (O) が実行する」というような意味で使われます。具体的には，上司が秘書に仕事を頼むとか，客が理容師に髪を切ってもらうというような状況です。この構造を少し分析してみますと，have は S＋have＋[O＋動詞] という構造になりますので，have の目的語のところに [O＋動詞] が来る形になります。ですから，「O（＝目的語）が〜することを S は持っている」という意味になります。[11]

　(4) の get は，他の使役動詞と違って目的語の直後に to 不定

---

[11] 早瀬尚子 (2002: 199) では have を使った使役構文について詳細に分析し整理していますので，その分析を参考にしながら，ごく簡単に整理すると，使役の have は「文全体の主語（have の主語）が事態の成立を促進し，それによって，目的語が行為を実行する」と説明できます。

詞をとります。このことから、厳密には使役動詞ではないという人もいますが、使い分けの観点から整理する意味で、ここで扱います。この get の目的語と動詞の間に to が入っているということは、目的語が「〜する」のに距離があるということですから、その距離を埋めて目的語 (O) に〜させるためには、主語 (O) からの働きかけが必要になるということです。その働きかけを [説得] と呼ぶと、分かりやすいかと思います。上述の (4a) では、説得して父親にタバコをやめさせたというわけですし、(4b) では、夫を説得して、新車を買わせたわけです（メアリーの「おねだり」だったかもしれません）。

以上のことから、英語の使役動詞は、強制力の強い順に、およそ次のように整理できます。

(1)	>	(3)	,	(4)	>	(2)
make		have		get		let
[強制]		[当然]		[説得]		[放任]

(3) と (4) は、強制力の差というより、質的な差異です。(3) の have は、[当然] の関係で使役が成立するほど上下関係が明確なのに対し、(4) の get は [説得] という働きかけの結果、ようやく相手（目的語）が行動を起こしたというプロセスが含まれます。

一方、日本語の使役は、助動詞「せる」「させる」をつけて表されます。学校文法では、助動詞「れる」「られる」が多義で、〈受け身〉〈可能〉〈自発〉〈尊敬〉という四つの意味をもつことは中学校から教えていますが、助動詞「せる」「させる」は〈使役〉という一つの意味しかないというのが一般的な説明になっています。ところが、実際の用例を詳しく見ると、助動詞「せる」「させる」

にも，使われ方（用法）がいくつかあることが分かります。

(5) a. 皇帝は多くの奴隷たちを働かせた。　　　　　　［強制］
　　b. 太郎はクラスみんなを笑わせる明るい児童だ。［誘発］
　　c. 父は娘を米国の大学に留学させた。　　　　　　［許可］
　　d. よほど疲れているんだろう。寝かせておこう。［放任］

典型的には，(5a) のように，いわば無理矢理に行為を押しつけることを指します。(5a) では「奴隷」の気持ち（意志）に反して「働く」という行為を引き起こしていますので，その意味で［強制］と呼ばれます。(5b) は，［誘発］と呼ばれます。(5c) では，「娘」が留学を嫌がっているのであれば［強制］ということになるでしょうが，「娘」が自身も留学を希望しているのであれば，むしろ「父」は娘の希望を認めたことになりますので，［許可］あるいは［許容］と言われます。(5d) になると，強制力はほとんどなく，［放任］と呼ばれます。ここで重要なのは，(5a) のような［強制］だけが助動詞「せる」「させる」の意味なのではなく，［放任］や［許可］のような強制力の弱い用法もあるという点です。

　注意したいのは，日本語で「せる」「させる」で表される表現が，英語でも使役構文になるとは限らず，通常の他動詞文で表されることもあるという点です。

(6) a. そのニュースは我々を大いに驚かせた。
　　b. 彼女はパンを喉に詰まらせた。
　　c. その店は美味しい郷土料理を食べさせてくれる。
(7) a. The news surprised us much.
　　b. She got a piece of bread stuck in her throat.

c.　The restaurant serves local delicacies.

(6) の日本語では，助動詞「せる」「させる」によって〈使役〉の形になっていますが，これを (7) のように英語で表したものでは，使役構文になっていません。(7) で用いられている動詞は，使役動詞ではなく，通常の他動詞です。英語の他動詞は，たとえば，please (喜ばせる), annoy (うるさがらせる), worry (心配させる) などのように，日本語の使役のような意味を表すものがあり，これらの意味では，日本語が使役になっていても英語では通常の他動詞文で表します。[12]

　最後に，英語には複数の使役表現があることから，同じような日本語でもニュアンスによって異なる動詞を使うことになる点に触れておきたいと思います。たとえば，「赤ん坊にミルクを飲ませた」というとき，次のような言い方があり得ます。

(8)　a.　She had her baby drink some milk.
　　 b.　She made her crying baby drink some milk.
　　 c.　She gave some milk to her baby.

赤ちゃんにある程度ミルクを飲もうという欲求があるなら，(8a) のように，[当然] の have を使うでしょう。「母親」が軽く促せば，赤ちゃんが自発的に飲むという点で，前述の [当然] の have が適当でしょう。ただ，赤ちゃんが大泣きして飲むのを嫌

---

[12] 本書では，英語との対照事例を考察する目的から4種類に分けて説明しましたが，日本語学では，早津恵美子 (2004) のように使役を5種類に分類したり，森田良行 (2002) のように10種類に分類する研究者もいます。

がっているのに，それでも飲ませるなら (8b) のように [強制] の make が必要です。そのようなニュアンスを超えて，客観的に母親がミルクを与えたという事実関係を伝えるのであれば，(8c) のようになります。

8. 形容詞の派生

　形容詞というのは，はじめから形容詞のものもありますが，名詞や動詞から派生して形容詞になったものもあります。たとえば，big や sharp などは，はじめから形容詞として使われてきた語ですが，wonderful（不思議な）や understandable（理解できる）といった語は，それぞれ名詞や動詞から派生してできた形容詞です。wonderful は wonder（不思議）という名詞に -ful がついて形容詞になったもので，understandable は understand（理解する）という動詞に -able がついて形容詞になったものです。このとき，-ful や -able のように形容詞を作るとき語の末尾に付加されるものを形容詞接辞と言います。英語の主な形容詞接辞に次のようなものがあり，(1)–(7) の -ous, -ful, -ly, -ive, -y, -ish, -like は，名詞から形容詞を作る形容詞接辞で，(8) の -able/-ible は動詞から形容詞を作る形容詞接辞です。

(1)　fame（名声）　　→　famous（有名な）
　　　danger（危険）　→　dangerous（危険な）
(2)　wonder（不思議）→　wonderful（不思議な）
　　　fruit（果実）　　→　fruitful（実りある/充実した）
(3)　friend（友人）　　→　friendly（友好的な）

	day（日）	→	daily（日々の）
(4)	act（行動）	→	active（行動的な）
	talk（話）	→	talkative（おしゃべりな）
(5)	health（健康）	→	healthy（健康的な）
	guilt（有罪）	→	guilty（有罪の）
(6)	baby（赤ちゃん）	→	babyish（大人げない）
	hawk（タカ）	→	hawkish（好戦的な/タカ派の）
(7)	dog（犬）	→	doglike（犬のような/忠実な）
	star（星）	→	starlike（星のような/星形の）
(8)	reason（思考する）	→	reasonable（理解可能な/合理的な）
	reverse（裏返す）	→	reversible（裏返し可能な）

このうち、(3)の -ly は、名詞について形容詞を作りますが、形容詞につくと副詞を作ります。たとえば、man（男）という名詞に -ly がついた manly（男らしい）は形容詞ですが、clear（明らかな）のような形容詞についたときは clearly（明らかに）のように副詞を作ります。このほか、意外に実用性が高く面白いと思うのは (6) と (7) です。(6) の -ish という形容詞接辞は、意味的には「（軽く）そういう性質をもった」という意味を持つ接辞で、日本語の「〜ぽい」に近い働きをします。boyish（ボーイッシュな／男の子っぽい）や girlish（女の子っぽい）のほか、bookish（教科書のような／ガチガチな）、childish（子どもっぽい）、biggish（大きめの／だぼだぼの）のような形容詞が作られます。また、色の名前について、blackish, whitish, yellowish, reddish, bluish が作れます。ただ、coolish はありますが、hottish はありません。同様に、(7) の -like も便利です。自分で勝手に形容詞を派生させる

ことはできませんが，childlike（子どもらしい），springlike（春のような），clocklike（時計のように正確）のような形容詞が作られます。なお，(6) と (7) はよく似ていますが，-ish よりも -like は良い意味になる傾向があり，childish（子どもっぽい）に対して，childlike（子どもらしい）は良い意味になります。[13]

このように，英語にはいくつもの形容詞接辞があるのと対照的に，日本語の形容詞接辞は一つしかありません。古典語では「-し」で，現代語では「-い」です。島田昌彦 (1973) によると，古典語では，「さむ」や「ちか」といった名詞に接辞が付いて，「寒し」や「近し」のような形容詞が派生したとあります。現代語の場合，中学校でも「形容詞は常にイで終わる」と教えているわけですから，形容詞を作るには「い」を付ける以外にないわけです。名詞に「い」がついて形容詞ができた例に，「丸」→「丸い」や「四角」→「四角い」といった形に関するもののほか，「黄色」→「黄色い」や「茶色」→「茶色い」のように色に関する形容詞があります。ちなみに，「丸」や「四角」から「丸い」や「四角い」という形容詞が派生していますが，「*三角い」や「*五角い」といった形容詞はありません。英語には triangular（三角の）という形容詞がありますので，「三角い」という形容詞があってもおかしくはないのですが。

現代日本語の形容詞接辞は「い」ですが，古典の形容詞接辞は「し」でした。古典語（古代日本語）で，名詞から派生した形容詞

---

[13] (5) に挙げた -y は形容詞から名詞を作るときにも使われます。これにより，jealous（嫉妬している）から jealousy（嫉妬）が派生します。

の例に,「おとな」→「おとなし」や「ひと」→「ひとし」などがあります。「おとなし」は「大人」に形容詞接辞がついたもので,現代語では「おとなしい」になりました。「おとなしい」という形容詞は,もともと「大人のような」という意味だったわけです。「ひとし」は,「1」を表す「ひと」に形容詞接辞がついたもので,現代語では「ひとしい」になりました。

　では,なぜ「1」が形容詞になると「等しい(同じ)」という意味になるのでしょうか。結論から言ってしまえば,二つ以上のものがあって,それを「一つ」と言うということは,それらが「同じ」だからという説明になるわけですが,これと同じことは英語にも見られます。英語の不定冠詞 (a/an) は,もともと「1」を表す数詞でした。現代英語で言えば one という数詞が弱く発音されて an になり,さらに n が落ちて a になったものです。不定冠詞は,もともと,「1」を表す数詞だったからこそ,in an hour(1時間で)のように「1」の意味を表すことができますし,その不定冠詞が We are of an age. のように「同じ」という意味になるのは,日本語の「ひと + しい」が「同じ」という意味になるのと同じ原理で説明できる現象です。

　日本語でも,動詞から形容詞が派生することがあります。古典語に「経る」という動詞がありました。現代語でいえば「経る(＝時間がたつ)」という意味です。この「ふる」に形容詞接辞の「し」がついてできたのが「ふるし」という形容詞で,現代語の「古い」になります。同様に,古典語の「痩す(＝痩せる)」という動詞に形容詞接辞がついて「やさし」となり,これが現代語の「優しい」になりました。現代語の「優しい」というのは,「身が痩せ細るような思いである様子」を表す語だったわけです。

以上から，英語に比べて，日本語の形容詞接辞が単純であることがよく分かると思います。最後に，あらためて日本語の形容詞と英語の形容詞を簡単に整理しておきます。

表 20

	日本語の形容詞	英語の形容詞
形態的な特徴	・基本形は，古典語では「し」で終わり，現代日本語では「い」で終わる	・形の特徴は特にない ・-ish, -ous 等がついて派生する
統語的な特徴	・単独で述語になる ・接続のために活用する単独で述語になる	・述語にならない ・比較・最上を表すために活用する

この表で「統語的特徴」として挙げた点については，第 1 章の第 5 節をご覧ください。

9. 連体修飾―日本語にある 2 種類の修飾構造

　日本語で言えることでも英語では言えないということがありますし，その逆があるのも当然ですが，このことは，名詞を節で修飾する構造にもあてはまります。

　第 1 章の第 6 節で見たように，日本語の連体修飾部は，英語の形容詞節に相当するもので，修飾されるものを日本語では「被修飾語」といいます（「被修飾語」を言語研究では「主要部」ともいい

ます)。日本語の修飾構造には，修飾部と被修飾語(主要部)の関係によって二つの種類があることが知られていて,「内の関係」と「外の関係」に分けられます。このうち,「内の関係」と呼ばれる表現は英語でも表現できますが,「外の関係」と呼ばれる表現は英語で表現することができません。

　次に挙げた (1) は,「内の関係」と呼ばれる表現にあたります。

(1) a.　少女に手紙を書いた**少年**
    b.　少年が少女に書いた**手紙**
    c.　少年が手紙を書いた**少女**

このとき，下線を付した (1a) の「少年」，(1b) の「手紙」，(1c) の「少女」が被修飾語(主要部)です。(1) のような連体修飾を「内の関係」というのは，次の (2) が示すように，元の通常の文に戻したとき，文の中に主要部を復元することができるからです。

(2) a.　**少年が**手紙を少女に書いた
    b.　少年が**手紙を**少女に書いた
    c.　少年が手紙を**少女に**書いた

(1a-c) の「少年」「手紙」「少女」は，(2a-c) の内側に位置することが確認できました。このような日本語における「内の関係」は，英語でも関係代名詞で表現できます。次の (3) をご覧ください。

(3) a.　**the boy** who sent the letter to the girl
    b.　**the letter** which the boy sent to the girl
    c.　**the girl** to whom the boy sent the letter

学校英文法では，(3a) の the boy，(3b) の the letter，(3c) の the girl を「先行詞」といいますが，英語の先行詞は，日本語の「内の関係」と同じように，元の通常の文に戻したとき，文の中に先行詞を復元することができます。

(4) a.　**The boy** sent the letter to the girl.　［主語］
　　b.　The boy sent **the letter** to the girl.　［直接目的語］
　　c.　The boy sent **the girl** the letter.　［間接目的語］

(4a-c) のように，先行詞 the boy, the letter, the girl が，元の文の中で，それぞれ「主語」「直接目的語」「間接目的語」の位置にあったことが分かるでしょう。

　同様に，次のような表現も「内の関係」として日本語では自然に用いることができます。

(5) a.　太郎が花子に手紙を書いた**部屋**
　　b.　太郎が花子に手紙を書いた**日**
　　c.　太郎が花子に手紙を書いた**理由**

(5) の修飾構造が「内の関係」であると言えるのは，太字になった主要部（＝学校英文法でいう先行詞）が述語と同一の節（文）の中に組み込まれているからです。このことは，次の (6) によって確認できます。

(6) a.　**その部屋で**太郎が花子に手紙を書いた
　　b.　**その日に**太郎が花子に手紙を書いた
　　c.　**その理由で**太郎が花子に手紙を書いた

このとき，「その部屋」「その日」「その理由」というように「そ

の」を付けたのは,上の (2) と違って,主語や目的語ではなく,出来事の本質から少し離れていることが理由です。このことは,次の (7) に挙げた英語でも言えます。

(7) a. **the room** where Taro wrote a letter to Hanako
    b. **the day** when Taro wrote a letter to Hanako
    c. **the reason** why Taro wrote a letter to Hanako

(7) の中の先行詞 the room, the day, the reason は,元の文に戻したとき,次の (8) のように,前置詞つきの副詞句になります。

(8) a. Taro wrote a letter to Hanako **in the room**.
    b. Taro wrote a letter to Hanako **on the day**.
    c. Taro wrote a letter to Hanako **for the reason**.

(8) で太字になった要素は,前置詞がついていますが,同一の節(文)の中に組み込まれていますので,この点で日本語文法でいう「内の関係」に相当します。

(3) のように関係代名詞を使うパタンであれ,(7) のように関係副詞を使うパタンであれ,日本語文法でいう「内の関係」であれば関係節化することが可能です。

一方,日本語における「外の関係」とは,次のようなものをいいます。

(9) a. 魚が焼ける匂い
    b. トイレに行けないコマーシャル

(9) の中で下線を引いた主要部「匂い」や「コマーシャル」は,

元の文に戻そうとしたとき,うまく入るでしょうか。(9a) の「匂い」を「魚が焼ける」という文の中に組み込ませようとしても,うまく入りません。同様に,(9b) でも「コマーシャル」に適当な格助詞をつけて「トイレに行けない」の中に組み込ませることは不可能でしょう。言い換えると,(9) の「匂い」や「コマーシャル」は,連体修飾部の内部から取り出した要素ではなく,外からくっつけたようなもので,この点で「外の関係」と呼ばれるわけです。

ちなみに,(9) のような「外の関係」を無理やり英語で表そうとすれば,次のように言えるかもしれません。

(10) a. the smell which is emitted when you grill fish
 (魚が焼けるとき出る匂い)
 b. the commercial which is so interesting that we cannot go to a bathroom
 (あまりに面白くてトイレに行けないコマーシャル)

たしかに,(10) は (9) と同じ内容を含んでいますが,(10) では,先行詞の smell や commercial が元の修飾節と同じ節の中になく,しかも,英語として決して自然な表現とは言えません。そういう目で見れば,(9) は,結論として,やはり「英語では表現できない」と考えるほうがいいと思います。

10. 形容詞の二つの用法

英語の形容詞には,限定用法と叙述用法という二つの用法があります。限定用法というのは,名詞を修飾することで,a beautiful flower というように，形容詞 beautiful が名詞 flower を修飾するときの用法です。叙述用法というのは，補語として使われることで，言い換えると，イコール関係で結ばれるものを表す用法です。Jane is beautiful.（ジェーンは美しい）というときの形容詞 beautiful が叙述用法で，名詞 girl = beautiful の関係を示しています。

多くの形容詞は，限定用法と叙述用法の両方で使うことができますが，中には，① 限定用法でしか使えないもの，② 叙述用法でしか使えないもの，③ 両方の用法で使えるものの意味が異なる形容詞の3種類があります。

① 限定用法でしか使えない形容詞
many（多くの）　　only（唯一の）　　wooden（木製の）
main（主な）　　　chief（主な）　　　elder（年上の）
former（前者の）　latter（後者の）
inner（内部の）　　outer（外部の）

② 叙述用法でしか使えない形容詞
asleep（眠っている）　　　alive（生きている）
alone（1人でいる）　　　　ashamed（恥ずかしい）
afraid（恐れている）　　　content（満足している）
glad（嬉しい）　　　　　　sorry（残念だ）

③ 両方の用法で使えるものの意味が異なる形容詞
certain　　（或る～／～は確かだ）
ill　　　　（悪い～／～が病気だ）
late　　　 （亡き～／～が遅い）

right	（右の〜／〜が正しい）
present	（現在の〜／〜は出席している）
ready	（即座の／〜は準備が整っている）

これらの分類を意味的に一般化するのは非常に難しいのですが，① 限定用法でしか使えない形容詞は，「素材」「位置づけ」「前後関係」「上下関係」といった，いわば「恒常的な性質」を表す形容詞が多く，② の叙述用法でしか使えない形容詞は，どちらかというと「一次的な性質」を表す形容詞が多いように思われます。

　こうした使用上の制約は，日本語の形容詞や形容動詞の一部に見られます。寺村秀夫 (1992) によると，「多い」や「少ない」という形容詞は叙述用法しかなく，「主要な」という形容動詞は限定用法しかありません。たとえば，「多い」という形容詞が叙述用法しかないというのは，「人が多い」という言い方は可能でも，同じ意味を表すのに「多い人」とは言えず，代わりに「多くの人」と言わなければならないことから分かります。ちなみに，英語の many は，日本語の「多い」とは反対に限定用法しかない形容詞です。ただ，「多い」については，「ミスが多い人」のような言い方も可能ではありますが, その場合に「多い」のは「ミス」であって「人」を修飾しているわけではありませんので，やはり限定用法ではありません（むしろ「ミスが多い」で連体修飾部を作っていると言ったほうが適当でしょう）。逆に，「主要な」という形容動詞は限定用法しかなく，名詞を修飾する形で「主要な課題」とは言えても，叙述的に「この課題が主要だ」とは言えません。この点で，英語の main という形容詞が限定用法しかないのと同じです。

第 3 章

英語から日本語の名詞・代名詞を知る

名詞や代名詞は，モノや出来事を単一的に捉えたものです。ここでは，主語に関する問題と代名詞の特性について考えていきたいと思います。

1. 主語とは何か

　国文法でも英文法でも，主語という用語が用いられますが，そもそも主語というのは文法的にどう規定されるか，という問いを考えてみましょう。主語という概念を規定するのに，実は，どの言語にも通用する普遍的な一般原則を見いだすには至っていません。それでも，英語の場合は比較的明快で，「述語と一致 (agreement) を示すもの」と規定できます。「一致」というのは，簡単に言うと「動詞が主語の人称や数（単複）に応じて語形を変えること」をいいます。この現象を次の例で説明しましょう。

(1) a.　The children like ice cream.
　　b.　The child likes ice cream.

(1a) で動詞の形が like になるのは the children が複数だからで，(1b) で動詞が likes になるのは the child が 3 人称単数だからです。逆に言うと，the children や the child が動詞の形を決めているということで，このように，動詞の形式を決める the children や the child こそが主語ということになります。

　この現象は，少なくともヨーロッパの言語には広く見られます。3 人称の単数だけでなく，1 人称〜3 人称の単数と複数のす

べてで動詞が形を変える言語も多くあり，たとえば，イタリア語の動詞活用表は次の表21のようになっています。

表21

parlare（話す）	単数	複数
1人称	parlo (I speak)	parliamo (we speak)
2人称	parli (you speak)	parlate (you speak)
3人称	parla (he speaks)	parlano (they speak)

この表は，イタリア語で「話す」を意味する動詞 parlare の活用を表したものです。ここから，1人称〜3人称および単数と複数で，すべて異なる変化語尾をとることが分かるでしょう。逆に言うと，このような言語では，動詞の形によって主語の人称や数(単数・複数)が分かるので，主語を明示しないことも可能であり，実際，イタリア語では，特に1人称や2人称の主語は明示されないことが多いようです。また，英語では，なぜ3人称の単数にだけ一致が見られるかという問いに対しては，もともと，すべての人称にあったものが他の人称（1人称と2人称）で消失したというのが実態です。実際，英語史において「古英語（Old English）」と呼ばれる時代（8世紀〜12世紀）には，単数の1人称・2人称・3人称に固有の変化語尾があり，複数にも別の変化語尾がありました。これが，10世紀以降，16世紀後半までに徐々に衰退し，結果的に，3人称・現在・単数のところにだけ残った

という歴史的な変化があったことはよく知られています。[1]

ともあれ、こうした観点から見て、日本語に主語はあるかを問い直すと、述語と何らかの一致を示すか（述語と独占的に結びつくか）という厳密な意味では、「日本語に主語はない」というのが答えでしょう。ただ、日本語にも「特定の名詞が動詞と独占的な結びつき方をする」という現象は観察されます。あまり使用頻度の高い動詞ではありませんが、「行幸（御幸）する」や「崩御する」といった動詞は、ほぼ独占的に「天皇が」あるいは「皇族が」と結びつくので、その意味では〈一致〉のようなものがあるとも言えます。それでも、こうした現象は明らかに例外的なものであって、日本語の主語を特徴づける基準にはなりえません。

2. 日本語の「が」や「は」はすべてが主語ではない

一般に、「述語との一致を示すこと」が主語であることの一つの基準になりますが、日本語には、一致という現象がありませんので、一致を示すかどうかによって主語を規定することはできません。

では、日本語の主語は、どのように規定されているでしょうか。一般には「が」や「は」のついたものが主語とされますが、「が」や「は」のついたものすべてが主語ではありません。ここでは、

---

[1] 動詞と主語が「一致」を示さない言語は多数ありますので、「一致」という現象も、主語を定義するのに、どの言語にも通用する普遍的な基準というわけではありません。ちなみに、グルジア語（コーカサス）では、一部の動詞で、主語と目的語の両方が動詞と一致を示すそうです。

日本語の主語がどのように規定されるかを問う前に、日本語の「が」や「は」が何を表すかを見ることにします。

さて、日本語の「が」には意味が二つあります。広い意味での〈主体〉と〈対象〉です。〈主体〉の「が」というのは、次の (1) が例示するようなもので、日本語としても文法的に主語であり、英語でも主語になります。

(1) a.　この人達が私を助けて下さったのです。
　　b.　政権が交代した。
　　c.　子供が頭を壁にぶつけた。

(1) の「この人達が」「政権が」「子どもが」は、それぞれ述語に対する行為の実行者という点で〈主体〉と呼ばれ、多くの場合「が」は〈主体〉を表すとみていいでしょう。これらの〈主体〉は、次の (2) で例示されるように、英語では主語で表されます。

(2) a.　These people helped me.
　　b.　The regime has changed.
　　c.　The child hit his head against the wall.

(1) で「が」で標示されていた these people, the regime, a child は英語では主語として表されています。要するに、主体のガは英語でも主語になるということです。

もう一つの「が」は、〈対象〉を表すもので、次のような例が見られます。

(3) a.　あなたにあの建物が見えるでしょう。
　　b.　私にも聴衆の喝采がはっきりと聞こえました。

c. 私の言葉が分かりますか。

d. あなたに私の後任が務まりますか。

e. 我々は本当のことが知りたいのです。

f. 僕は髪の長い女性が好きです。

(3)の中の「あの建物」や「聴衆の声」は,意味的には〈主体〉というより,〈対象〉と呼ぶべきものです。このような〈対象〉を表す「が」が生じるのは,特定の述語の場合に限られます。具体的には,〈知覚〉〈能力〉〈希望〉〈嗜好〉などを表す述語(動詞・形容詞・形容動詞)にしか見られません。(3)の例でいうと,(3a)と(3b)が知覚文で,(3c)と(3d)が能力文,(3e)が希望文,(3f)が嗜好(好き嫌い)を表す文です。必ずしも網羅的ではありませんが,具体的な語を挙げると,「できる」「分かる」「使える」「読める」「話せる」など能力を表す動詞,「見える」「聞こえる」のような知覚動詞,助動詞「〜たい」の付いた述語,「好きだ/嫌いだ」のような嗜好に関する形容動詞などがあります。英語との関連で注意しなければならないのは,〈対象〉は英語では主語にならず,むしろ目的語として扱わなければならないことです。実際,こうした「ガ格成分」については,古くは時枝誠記(1950)が「対象語格」と呼び,一般言語学の立場から久野暲(1973)が「目的格のガ」と呼んでいます。[2] そうすると,(3)の主語は何か

---

[2] (3)の文の主語については,学校文法だけでなく,言語学・日本語学の研究者も「あなたに」や「私にも」を主語と主張していましたが,一方で,尾上(2003)などのように,助詞「が」のついた「あの建物が」や「聴衆の喝采が」を主語とみなす立場もあります。ただ,話が複雑になるのを避けるため,ここでは深入りしないことにします。

ということになりますが，文頭の「あなたに」「私にも」「我々は」「僕は」が主語とされます。これらは「に」や「には」あるいは「は」という助詞で標示されていますので，「ニ格主語」と呼んだりします。

(3) の文は，英語では次の (4) のように表されます。

(4) a. You can see that building over there.
　　b. I could hear the audience's applause through the floor.
　　c. Do you understand my words?
　　d. Are you fit for my successor?
　　e. We want to know the truth.
　　f. I like a long-hair woman.

(4) の例から分かるように，上の (3) の中で「が」のついていた名詞句は，たしかに英語の目的語 (動詞の目的語や前置詞の目的語) として現れています。

一つ気をつけてほしいのは，「が」が「は」に交替した場合です。助詞「は」は，必ずしも主語を表すわけではありません。正確に言うと，助詞「は」の働きは，格助詞の代わりをすることです。次の例を見てください。

(5) a. 太郎が会長に選ばれた　→太郎は会長に選ばれた
　　b. この問題が解けません　→この問題は解けません
　　c. 不要品を捨てなさい　　→不要品は捨てなさい
　　d. 太郎に勲章が授与された→太郎は勲章が授与された
　　e. 家から学校まで100mだ→家は学校まで100mだ

左側の文で「が」「を」「に」などで標示されていたものが，矢印の右側ではすべて「は」になっています。「は」は，格助詞の代わりをするものですから，逆に言うと，右側の「は」は，左側のように「が」や「を」に戻すことができます。日本語の「は」で表されるものは，英語でも必ず主語になるというわけではなく，格助詞に戻したとき，(5a) のように〈主体のガ〉であれば英語の主語になりますし，(5b) のように〈対象のガ〉であれば英語の目的語になります。また，(5c) や (5d) のように間接目的語や前置詞で表されることもありますので，注意が必要です。

　以上を要約すると，① 格助詞「が」には〈主体〉と〈対象〉の二つの用法があって，〈主体〉の「が」だけが英語の主語になるということと，② 副助詞「は」は格助詞の代わりをし，格助詞「が」の代わりをする「は」だけが英語でも主語になると整理できます。

3. 学校文法における主語の規定

　第 2 節で，日本語の「が」や「は」の働きを見ましたので，その上で，あらためて日本語の主語がどのように規定されているか説明します。

　学校国文法では，基本的に次のような条件で主語が決められています。

　　[A]　原則として，「が」で標示されたものを主語と扱う。
　　[B]　「は」「も」「さえ」「まで」などの助詞で標示されていて，「が」に置き換えられるものは主語と扱う。

[C] ある種の動詞や助動詞などを述語に持つ文では,「に」「には」「にも」「は」「も」で標示される成分を主語と扱い,「が」があっても主語ではない。

これらのうち,[A] が基本原則で,それを [B] が補う関係にあります。[C] は [A] と [B] とは別の種類の述語に適応される原則です。

ただし,主語の認定に問題があるものとして,次のような例があります。

(1) a. 象は鼻が長い。
  b. 花子は気が散って,勉強に身が入らなかった。

(1a) は,主語の認定に関して見解が一定していませんが,「鼻が」を主語とする分析が妥当と思われます。というのも,「象は」の「は」は「象の鼻が長い」のように「の」で解釈されるからです。このとき,「象は」は,一般に〈主題〉と呼ばれます。(1b) では,「気が散る」や「身が入る」が一つの熟語(イディオム)になっており,学校国文法的にいえば連文節を作っています。したがって,その中の一要素だけを取り出して「気」や「身」を主語とすることはせず,「花子」を主語と扱うことになります。ただ,(1) のような文は,公立の小中学校では扱われず,私立学校で取り上げられるようなレベルであることを添えておきたいと思います。

言語研究の中でも必ずしも見解は一致していないところもあるのですが,「主語は何か」という問いは,実は日本語の構造を考えるのに必ずしも有効ではありません。この現象に関して,ことばの学習に役立てる方向に修正するなら,「主語は何か」という

問いではなく,「『が』のついた文成分(名詞)は何を表すか」という問いにすることを提案したいと思います。そうすれば,「が」の多義性を理解するとともに,英語で表現するとき主語になるものと目的語になるものがあることを国語のサイドから指導することが可能になり,国語と英語の連携にとってモデルケースともなるからです。

4. 人称代名詞らしさ

日本語にも英語にも人称代名詞と呼ばれる語があります。日本語の人称代名詞と英語の人称代名詞を比べると,両者の間には三つの大きな差異が見られます。

第一は,日本語の人称代名詞が英語の人称代名詞よりも種類が多いという点です。

表22

	英　　語	日 本 語
1人称	I, we	私　僕　おれ　我々
2人称	you	あなた　君　お前
3人称	he, she, it, they	彼　彼女　それ　彼ら　彼女たち

英語では,文法的な役割に応じて my, me, us, him, her, them などのバリエーションも含まれますが,日本語でも「私」「私たち」「私ども」「私ら」などのバリエーションがあり得ますので,

上の表22では基本的な形だけを入れました。[3]

　第二は，人称代名詞の「長さ」の違いです。一般に人称代名詞は「短い」という特徴があり，英語の I のほか，ドイツ語の ich（イッヒ）やフランス語の je（ジュ）などのように，多くの言語で人称代名詞は，1音節であることが多いと言われています。音節というのは，基本的に一つの母音を中心とする単位で，1音節は，母音を一つだけ含む単位と考えて構いません。英語の you は文字数で言えば3文字ですが，音節の数は「1」です。つまり，1音節という最も短い語ということになります。また，所有代名詞の my は [mai] という音声で，母音が二つあるように見えるかもしれませんが，[a]＋[i] というように別々の母音が二つあるのではなく，この二つが [ai] という一つの母音（二重母音）として扱われます。実際，[a] と [i] は同じ長さではなく，[a] に [i] が添えられるように発音されます。ですから，my [mai] という代名詞も音節数（母音数）は一つで，1音節の語ということになります。同様に，英語の人称代名詞は I, we, you, he, she, my, your, him などのように1音節と非常に短いことが分かりますし，話し言葉でも弱く読まれるという特徴があります。

　これに対し，日本語で人称代名詞と言われる「私」「ぼく」「あなた」に言えるのは，英語の人称代名詞と比べて「長い」という特徴が見られます。ここでいう「長い」というのは「音節の数

---

[3] 人称代名詞の種類が豊富な言語として，日本語以外では，インドネシア語やタイ語が有名です。

（母音の数）が多い」という意味です。長さ（音節の数）という観点から言うと，現代日本語の人称代名詞は，2音節以上の語が多いという点で特異です。「ぼく」というのは [bo-ku] ですから2音節ですし，「わたし」は [wa-ta-ʃi] ですから3音節です。このほか「きみ」「かれ」は2音節で，「あなた」「かのじょ」は3音節です。「わたくし」にいたっては4音節です。口語的な表現を含めると，「あんた」や「おまえ」は3音節ですし，「あんさん」や「おんどれ」は4音節です（派生形まで含めると「わたくしども」は6音節になります）。一般的に見て，人称代名詞は1音節または2音節程度までのものが多いことから，日本語の人称代名詞は「人称代名詞らしくない」ように見えます。これほど長い人称代名詞は，ほかに例がありません。むしろ，古代の日本語には，1音節の代名詞がありました（ただ，歴史的に見れば，古くは「わ」や「あ」という1人称の人称代名詞があり，むしろ古い日本語のほうが人称代名詞の特徴を残していたようです。古い日本語の「わ」は現代日本語の「我が」の中に残っています）。

　第三に，日本語の代名詞は語源的な意味が見えやすいという特徴があります。英語の代名詞 I, you, he が，もともとどういう意味だったかということを問うても，はっきりしませんが，日本語の人称代名詞は，説明しやすいものが多いように思われます。1人称の代名詞のうち，「私（わたくし）」は「公（おおやけ）」に対する「個人」という意味をもっており，それが1人称の代名詞として使われるようになったものです。「僕」は，「僕」を音読みしたもので，意味は「しもべ」です。2人称のうち，「あなた」は「はなれたところ／手の届かないところの人」を表す「彼方 (kanata)」から語頭の k の音が消えたものです。「かなた（あな

た)」は，平安時代は3人称の代名詞でしたが，江戸時代以降2人称代名詞として使われるようになったと言われています。2人称の代名詞では，「君（きみ）」は「尊いもの」を指し，やがて「いとしいもの」「尊い相手」の呼称に用いられるようになったといいます。「お前」は，神仏や貴人の「前」を表す語で，敬語の2人称代名詞でした。「君」も「お前」も，もともとは尊敬語であったわけですが，現代では，同輩以下の相手にしか使いませんので，意味が下がったことになります（このような現象を「意味の下落」といいます）。3人称の「彼（かれ）」は，空間を表す語で，もともとは男性だけでなく女性を指すこともできました。「彼女」は，「かの」＋「女」であって，「かの」は，現代語の「あの」に相当する連体詞ですから，それに「女」がついて「あの女性」という明確な意味を持っていることになるわけです。

　このように，日本語で人称代名詞と呼ばれるものは，語源的な意味が比較的明瞭で，もともと普通名詞に近いものだったことがよく分かります。

　ところで，人称代名詞の働きという点からいうと，英語では自分（1人称）や相手（2人称）を指す語というのは基本的に人称代名詞だけですが，日本語では人称代名詞でない語で自分や相手を指すことができます。1人称について言えば，たとえば，自分のことを「私」や「僕」という人称代名詞を使うのは普通ですが，姉妹の会話で姉が妹に向かって，自分のことを「お姉ちゃんはね」ということができますし，教員が児童に対して「先生のほうに顔を向けてくださいね」のように言うこともできます。2人称についても，相手を呼ぶのに「あなた」という人称代名詞を使う言い方のほかに，「おばあちゃんも，元気でいてね」のように普

通名詞で相手（2人称）を指すこともできます。なお，3人称については，日本語だけでなく英語でも，普通名詞で第三者を指すことは普通にできるわけですから，この点に日本語と英語に差異はありません。

　自分を指すことばを「自称詞」といい，相手を指すことばを「対称詞」といいます。日本語では人称代名詞だけでなく普通名詞も「自称詞」や「対称詞」になりますが，英語で「自称詞」や「対称詞」になるのは人称代名詞だけです。また，自分でも相手でもない人（3人称）を指すことばを「他称詞」といいますが，英語も日本語も，人称代名詞と普通名詞の両方が「他称詞」に用いられます。

　このことを整理すると，次の表のようになります。

表23

	英　語	日本語
自称詞 （1人称）	人称代名詞	人称代名詞 普通名詞
対称詞 （2人称）	人称代名詞	人称代名詞 普通名詞
他称詞 （3人称）	人称代名詞 普通名詞	人称代名詞 普通名詞

この表から分かるのは，日本語では人を指す表現として見たとき，日本語の人称代名詞は普通名詞に近いということができます。

日本語の人称代名詞は「自分や相手を指すための専用の語」という点で、人称代名詞に間違いはありませんが、その性質を見ると、普通名詞との違いが小さいというのが日本語における人称代名詞の特徴といっていいでしょう。

[コラム] 意味の下落と意味の向上

「お前」という語が尊敬語から罵倒語に変わるような現象を「意味の下落」と言います。意味が劣化した例として、たとえば、英語のsillyという形容詞は、もともと「幸せな」という意味でしたが、そこから「単純な」の意味になり、現在では「愚かな」の意味に下落しました。逆の現象が、「意味の向上」で、たとえば、ministerという名詞は、もともと「召使い」という意味でしたが、現在では「大臣」にまで向上しました。同様に、boyという名詞も、古くは「召使い」というという意味でしたが、現代では、普通に「少年」の意味で用いられます。そのboyが「召使い」という意味だったことは、ホテルの従業員の「ドアボーイ」や「ベルボーイ」などに名残が見られます。

[コラム] 使用頻度の高い語は短い

人称代名詞に限らず、一般に、頻繁に使われる語ほど短くなる傾向があります。実際、格助詞は、「が」「を」「に」「で」「から」「まで」のように、多くは1音節（母音が一つ）で、多くても2音節です。助詞の中でも、接続助詞には「ものの」や「けれども」のように3音節の語もありますが、いずれも2語以上の語が結合した合成語で、「ものの」は名詞「もの」と助詞「の」が結合して出来た語ですし、「けれ

ども」は,形容詞活用の已然形語尾「けれ」+接続助詞「ど」+係助詞「も」の三つが結合したという事情があります。3音節以上の助詞は口語(話し言葉)では使われなくなるか,「けれども」→「けれど」→「けど」のように短くなってきています。英語でも,前置詞は in, on, of, from, below などのように,ほとんどが1音節か,多くても2音節です。まれに,underneath (〜の下に) のような3音節のものや,notwithstanding (〜にもかかわらず) のような4音節のものもありますが,頻度の高い前置詞ではありません。

---

5. 人称代名詞の文法的振る舞い

　人称代名詞の文法的な振る舞いについて考えてみたいと思います。日本語の人称代名詞と英語の人称代名詞に見られる文法上の相違は,英語の人称代名詞のほうが「軽い」ということです。

　第一に,英語の人称代名詞は関係節の先行詞になれませんが,日本語の人称代名詞はそれができる点が挙げられます。次の(1a) が示すように,日本語の人称代名詞は連体修飾部の被修飾語(関係節の先行詞)になれますし,(1b) のように属格で修飾することもできます。

(1) a. 政権の中枢にいた彼らだからこそ,選挙制度を含めた政治改革の必要を訴えているのでしょう。
　　b. 一生懸命に仕事をしているときの貴方が一番素敵です。

(1) では,下線部の人称代名詞が被修飾語(＝英文法でいう先行詞)になっていますが,英語では,一般に人称代名詞を先行詞にして

関係節を作ることはできません。英語で，人称代名詞を先行詞にして関係節を作るのは，次の (2a) のようにな聖句 (聖書の中のフレーズ) や (2b) のような諺に限られます。

(2) a.　He who believes in him is not condemned.
　　　　―
　　　　(御子(みこ)を信じる者は，さばかれない)

　　b.　He who laughs last laughs best.
　　　　―
　　　　(最後に笑う者が最もよく笑う)

(2a) は，新約聖書「ヨハネによる福音書」の第3章18節にある聖句で，(2b) は，よく知られた諺の一つです。いずれの例でも，かろうじて人称代名詞 he が関係節の先行詞になっていますが，この場合，代名詞の he は特定の人物を指しているのではなく，意味的に「人一般」を指していますので，この点で man とか people に近い使われ方とみることもできます。いずれにしても，英語で人称代名詞を先行詞にして関係節を作るのは特別な場合に限られており，一般に英語の人称代名詞が先行詞になれないのは，人称代名詞は，音韻的にも意味的にも「軽い」ためと考えることができます。先行詞は関係節を受け止めなければなりませんので，それなりに「しっかり」していなければならないからです。[4]

　第二に，英語の人称代名詞が「軽い」と言うことは，主語や目的語として義務的に現れなければならないことにも反映されます。たとえば，次の会話例を見てください。

---

[4] ドイツ語では，英語よりも制約が緩く人称代名詞も関係節化できますが，関係節の中で代名詞を繰り返す必要があり，代名詞の「軽さ」を補強しているように見られます。

(3) A: Did you see John somewhere?
B: Yes, I saw him in the library.

AさんがⅠどこかでジョンを見た?」と聞き,Bさんが「はい,図書館で見ました」と答えている会話です。英語では,Bさんの答えに him という代名詞を入れなければなりませんが,日本語では「はい,図書館で彼を見ましたよ」のように代名詞「彼」を加えて答えると,かえって不自然になってしまいます。日本語で代名詞を入れて自然な表現で答えるなら「はい,彼なら図書館で見ましたよ」のように「彼」を主題として表すことになるのでしょうが,英語では他動詞 see の目的語として代名詞が絶対必要なのに対して,日本語では代名詞がないほうが自然であったり目的語ではない形で表したりします。同様に,英語では,His wife is waiting for him in his room. のように比較的短い文に人称代名詞が三つ含まれていても何ら不自然ではありませんが,同じ内容の日本語で「彼」が3回も現れるのは,やはり不自然です。

逆に言えば,英語の人称代名詞が「軽い」ということは,日本語であれば現れないようなところに現れても不自然ではないということでもあります。たとえば,目の前にいる人物に対して,その人が自分の知っている人であることを言うのに,日本語では「鈴木さんですね」のように言いますが,このとき「あなたは鈴木さんですね」あるいは「あなたが鈴木さんですね」のように主語に人称代名詞を付けることは一般的ではありません。これに対して,英語では同様の内容を表すのに You must be Mr. Suzuki. のように主語に2人称の代名詞 you を必ず使いますし,

決して失礼にはあたりません。このことは，英語の人称代名詞が日本語の人称代名詞に比べて「軽い」と考えると，理解しやすいかもしれません。

同様の例をもう一つ挙げると，英語では，自分の家族を指すとき人称代名詞を使っても何ら不自然さはありません。たとえば，This is my mother. She is a teacher.（私の母です。教師をしています）のように自分の母親のことを she で指すことができますが，日本語で自分の母親を「彼女」と呼ぶのは，決して自然な表現ではありません。[5]

以上を要約すると，英語の人称代名詞と日本語の人称代名詞の使い方に関して言えるのは，英語の人称代名詞は，日本語の人称代名詞より使用範囲が広く，相手との人間関係に制約がないということです。一方，日本語の人称代名詞は，語形が長いことや語彙的意味を残していることから，普通名詞に近い性質を持っており，このあたりに英語の人称代名詞との違いが起因しているようです。[6]

6. 1人称代名詞の特殊な用法

英語の1人称複数の代名詞には二つの用法があります。あまり丁寧に説明されない用法かもしれませんが，「相手を含む用法」

---

[5] 逆に，英語では動詞が「重い」ということができ，一つの文に動詞が多く現れるのを嫌う傾向があります。このことは，第5章の第1節で取り上げます。

[6] 英語と日本語の人称代名詞の機能的な比較については，安武知子（2009）の第1章に平明な解説があります。

と「相手を含まない用法」があり，勧誘表現の Let's ... と Let us ... の違いに現れます。

　高等学校レベルでは，Let's ... と Let us ... では微妙に意味が違うことが指導されます。短縮形の Let's ... は「私（たち）と一緒に貴方も～しましょう」という意味ですから，意味上の主語 us に相手（2人称）が含まれます。これに対し，短縮しないで Let us ... といったときは「私たちに～させてください」という意味で，その行為を「私たち」だけで実行するのであって，意味上の主語 us に相手（2人称）は含まれません。

　　Let's ＝私と一緒に～しましょう　→ us は相手を含む
　　Let us ＝私たちに～させてください → us は相手を含まない

このように，英語の1人称複数には「相手（2人称）を含む1人称複数」と「相手（2人称）を含まない1人称複数」があるのですが，この区別は日本語にも見られます。具体的に，どんな表現か分かりますか。

　　相手（2人称）を含む1人称複数　　　　→　　　A
　　相手（2人称）を含まない1人称複数　　→　　　B

A は簡単で，答えは「私たち」です。普通に「私たち」と言えば「相手を含む1人称」です（もちろん「私たち」が相手を含まないこともありますが，相手を排除するわけではありません）。むしろ，気づきにくいのは B の「（決して）相手を含まない1人称複数」で，日本語では「私ども」という表現が該当します。

　この表現を取り上げたのは，一般社会では，「私たち」に対する「私ども」という言い方（自称詞）が日本語の（ビジネス）マナー

として定着しており，卒業後，社会人となったときには身につけなければならないものだからです。その意味で，この「私ども」という1人称複数代名詞は，国語科での学習という狭い枠を越えて，一般社会で生きていくための極めて実践的な学習であり，これを英語の Let us と Let's における1人称代名詞の意味的な差異に関する学習の延長線上に指導し，その上で，再び英語における Let us と Let's の差異とリンクさせることで，英語と日本語の連携を強化することができるのではないでしょうか。

　なお，ここでいう「相手（2人称）を含む1人称複数」のことを言語研究では「包括的1人称複数」といい，「相手（2人称）を含まない1人称複数」を「排他的1人称複数」といいます。その上で，日本語の「私ども」が「排他的1人称複数」にあたることを指摘しました。ただ，「私たち」という言い方は通常「相手を含む1人称複数」ですが，常に，相手を含むとは限らないので，「相手（2人称）を含んでも含まなくてもいい」という記述が正確でしょう。[7]

---

　[7] このような包括的1人称複数と排他的1人称複数の区別は，日本語でも英語でも一般的でないため，積極的に取り上げられることはありませんが，世界の諸言語に目を向けると，インドネシア語，ベトナム語，ケチュア語（南アメリカ）などにあることが知られています。

第 4 章

空間と時間を超えて英語と日本語を知る

日本語と英語は，そもそも話されている地域が遠く離れているにもかかわらず，いろいろなところに共通点が見られることを説明してきましたが，英語は，古い時代の日本語（古代日本語）とも共通点を持ちます。その意味で，英語と日本語は，空間と時間を超えて共通点を持つのです。

1. 英語の仮定法と古代日本語の反実仮想

　英語の仮定法というのは，簡単に言うと「現在や過去の事実に反することを表す表現法」で，実際の表現形式としては「現在の事実に反することを表すのに助動詞の過去時制を使う」というところに大きな特徴があります。現在の事実に反することを表す表現法は，日本語の古典語にもあり，日本語の古典文法では「反実仮想」と呼んでいます。用語法の差異はあるものの，内実に目を向けると，両者には共通点も見られます。

　まず，英語の仮定法で最も基本的なことは，実際の時間と動詞の時制にズレがあるということです。現在のことをいうのに過去形を使い，過去のことをいうのに過去完了形を使うというように，事柄の時間と動詞の時制が一つずれることを習ったと思います。次の例を見てください。

(1) If I was in your position, I would not agree with the proposal.
　　（いま私があなたの立場だったら提案に賛成しないだろう）

(2) If it had rained yesterday, we would have stayed at home.
（昨日もし雨が降っていたら，家にいただろう）

(1) は，述語が過去形 (was/would) になっているものの，全体としては現在の話をしており，「いま私はあなたの立場にないから提案に賛成する」という意味が含意されます。(2) では，述語が過去完了形 (had rained/would have stayed) になっているものの，全体としては過去の話をしており，「昨日は雨が降らなかったから家にいなかった」という意味が含意されています。

この現象の解釈として，「仮定法はウソをいうこと」と考えることもできます。「この発話が現実の逆である」ということを明示的にアピールするために，述語の時制を変えて表しているわけです。いわば，時制についても「ウソ」をいうことで，この内容がウソであることを良心的に示していると考えてもいいでしょう。もし，仮定法に「内容がウソであることを示す標識」がなかったら，コミュニケーションは大変なことになるからです。

もう一つ，次の例を見てください。

(3) If it were not for cherry blossoms in the world, our heart in spring could be so peaceful.

(3) は，「もしこの世界に桜の花がなかったら，春，私たちの心は穏やかであろうに」という現在の事柄に関する仮定表現ですが，述語の時制は過去になっています。実は，このような「現在の事実に反する仮定を表すのに過去の助動詞が発動される」とい

う原理は，英語だけでなく，ドイツ語や他の言語にもあることが知られています。

ここで興味深いと思われるのは，古代日本語（古典語）でも，英語の仮定法過去と同じような現象が観察されることです。次の例を見てください。

(4) 世の中に絶えて桜のなかりせば，春の心はのどけからまし

(4) が (1) や (3) と同じ現象というのは，下線部の助動詞のことです。(4) も内容的に「現在」のことを表していますが，条件節の中の下線部「せ」は，言うまでもなく，過去の助動詞「き」の未然形です。現在の事実に反する仮定を表すのに過去の助動詞が使われている点で，英語の仮定法過去と同じとみることができます。

英語の「仮定法」も古典の「反実仮想」も，事実に反することを仮定するという点で本質的に同じ現象です。それを，学校英文法と古典文法で別の呼び方をしていることも，実は問題だと思っていますが，それはともかく，ここで重要なのは，英語の仮定法で現在の事実に反することをいうのに過去形を使い，古典の反実仮想でも現在の事実に反することをいうのに過去の助動詞を使うという点です。

専門的に言うと，英語の仮定法と古典の反実仮想の両方で過去の表現が用いられるのは，実は偶然ではなく，然るべき理由があります。その理由は，少し難しくなりますので詳しい説明は省略

しますが，古代日本語と現代英語の間に，時間と空間を超えた共通点が見られることは，大きな驚きではないでしょうか。[1]

2. 母音の音声変化

英語では，綴りと発音の間に乖離があることはよく知られています。英語は書いてある通りには発音されないということです。日本語でも，古い時代に，表記と発音が一致しない現象がありました。英語と古典は，国も時代も違うのに音声面でも意外な共通点が見られるのです。

さて，古代日本語の特徴の一つに，ひらがなの使い方が現代日本語と違うという点が挙げられます。ひらがなの使い方を「仮名遣い」と言いますが，古代日本語の仮名遣いを「歴史的仮名遣い」といい，いま私たちが使っている仮名遣いを「現代仮名遣い」といいます。歴史的仮名遣いでは，母音の読み方にも特殊な規則があります。それは，「ア・イ・エの後ろにウが続くと特殊な長音になる」というものです。

① au → ɔː
② iu → yu
③ eu → yo

---

[1] 過去時制が非現実を表す理由について簡単に紹介すると，Taylor (2003: 176-181) は，過去というのは現在と時間的に離れたところの話をするものですから，その意味から，現実（実際の事柄）と離れた内容を表すようになったという分析をしています。

簡単に言いますと、「ア」の後に「ウ」が続くと「オー」という音になり、「イ」の後に「ウ」が続くと「ユー」という音になり、「エ」の後に「ウ」が続くと「ヨー」という音になります。この規則は、次のような語に見られます。まず、「ア」の後に「ウ」が続いて「オー (ɔː)」になるパタンとして、歴史的仮名遣いで「まうす (mausu)」と書く動詞があります。[2] このなかに「アウ (au)」という繋がりが見られます。この「アウ」が「オー」になりますので、全体として「もーす」になります。これによって「申す」という動詞になるわけです。次に、「イ」の後に「ウ」が続いて「ユー」になるパタンとして、「いうそく (iusoku)」という名詞があります。この中の「イウ」の部分が「ユー」になって、「ゆうそく」になります。これが「有職」という名詞になるわけです。三つ目に、「エ」の後に「ウ」が続いて「ヨー」になるパタンとして「ばせう (baseu)」という名詞があります。この中の末尾に「エウ」という部分がありますが、ここが「ヨー」になりますので、全体として「ばしょう」となり、これが「芭蕉の花」の「芭蕉」あるいは「松尾芭蕉」の「芭蕉」になるわけです。[3]

---

[2] 長母音 [ɔː] は、江戸時代に [oː] に変化し、現在でも [oː] という音で発音されていますが、[ɔ] と [o] は舌の位置が4分の1ほど高いかどうかの違いですので、ここでは日本語の音も [ɔː] と表記することにします。

[3] 話が脱線しますが、俗に「料理のさしすせそ」というときの「せ」は「醤油」を指します。なぜ「しょうゆ」なのに「せ」になるのかは、歴史的仮名遣いの「せう」が「しょう」になるというルールを聞けばお分かりになることでしょう。ちなみに、「さしすせそ」のうち、ほかの四つは何かというと、「さとう（砂糖）」「しお（塩）」「す（酢）」「みそ（味噌）」ということになっています。これが料理で重要な調味料だそうです。

ここで面白いと思うのは，実は，同じような現象が英語にも見られることです。

- ④　au　→　ɔː
- ⑤　ou　→　au
- ⑥　oa　→　ou

英語では，母音が au, ou, oa という繋がり方をしたとき，特殊な二重母音になったり長母音になったりします。au という組み合わせは [ɔː] という長母音になり，ou という組み合わせは [au] という二重母音になり，oa という組み合わせは [ou] という二重母音になるというものです。具体的な例を見てみましょう。一つ目の au という組み合わせが [ɔː] という長母音になるパタンとして，auction（競売）や laundry（洗濯場）のほか，sauce（調味料のソース）や faucet（蛇口）などがあります。二つ目の ou という組み合わせが [au] という二重母音になるパタンとして，loud（大声の）や mountain（山）のほか，bound（跳ね返る）や sound（音）などがあります。三つ目の oa という組み合わせが [ou] という二重母音になるパタンとして，boat（小船）や float（浮く）のほか，goat（ヤギ）や coat（上着／塗装）などがあります。

　ここで，英語と古典で同じ現象が起きていることに気づかれましたか。先ほど，古典では「ア」の後に「ウ」が続くと「オー (ɔː)」になると説明しました。英語でも，au という綴りが [ɔː] という長母音になりますので，古典でも英語でも au という綴りが [ɔː] という長母音になる点で同じ変化が起きていることになります。このように，古代日本語と現代英語で，時間と空間を超えて共通の現象が見られるということは一つの驚きではないで

しょうか。

　この変化は，身近なところにも観察されます。「ありがとう」という表現は，形容詞「ありがたし（有り難し）」に由来し，その連用形「ありがたく（arigataku）」の「く（ku）」がウ音便化して「ありがたう（arigatau）」となり，語末の「あう（au）」が「おう（ɔː）」になってできたのが「ありがとう」です。[4] 同様のことは，「全うする」という動詞にも見られます。「まっとうする」は，形容詞の連用形「まったく（mattaku）」に「する」がついた形で，子音 k が脱落（ウ音便化）して「まったうする（mattausuru）」となり，そこに au → ɔː の変化が加わって「まっとうする（mattɔːsuru）」になった語です。

　さらに言えば，関西方言で「買う」や「会う」に完了の助動詞「た」がつくとき，終止形のまま「かうた（kauta）」や「あうた（auta）」となり，これが「こーた」「おーた」となるところに au → ɔː の変化が見られます。その意味で，英語の auction や Australia などの au を [ɔː] で発音することにおいては，関西の方には有利かも知れません（笑）。また，関西方言だけでなく，江口泰生（1991）によると，群馬県では，「笑う（warau）」を「ワロー」と発音したり，「適う（kanau）」を「カノー」と発音すると

---

　[4] 発音上は「ありがとー」でも，表記は「ありがとう」となります。

ころがあるといいます。

　ところで、音声学的な観点からいえば、[au] という二重母音が [ɔː] に変化したのは極めて自然な現象です。英語の基本母音は、おおよそ次の図のような関係になっています。

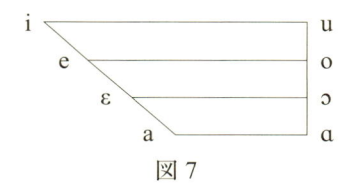

```
i-----------------u
 \               /
  e-------------o
   \           /
    ɛ---------ɔ
     \       /
      a-----ɑ
```
図 7

この図は、基本母音を発するとき舌の位置がどこに来るかを図式化したもので、左方が口の前方（唇のほう）で、右方が口の奥のほう（喉のほう）になっています。この図が示すのは、たとえば、i という母音は、舌の最も高くなった部分が口の前のほうの、一番高いところに来るときに出る母音ということになります。同様に、ɑ（籠ったア）という母音は、舌の最も高くなった部分が口の奥のほうの、一番低いところに来るときに出る母音ということになります。

　図 7 の中で、[a] [u] [ɔ] の相対的な位置関係をみると、[ɔ] という母音は、[a] と [u] の中間の位置にあることが分かります。そうすると、[au] という二重母音が [ɔː] に変化したのは極めて自然な推移といっていいでしょう。日本語の au → ɔː について、橋本（1950: 89）は au → aɔ → ɔ という推移を提案していますが、a と u が、中間に向かって歩み合うように融合していることがよく分かると思います。英語にせよ日本語にせよ、[au] という二重母音から [ɔː] という直音（二重母音でない音）に変化した

現象は，平滑化（smoothing）と呼ばれる変化の一つで，要するに，より滑らかに調音（発音）できるようになることです。この現象は，どの言語で起こっても不思議ではないものですが，これを生徒に届けるためには，何より英語科や国語科の教員が知るところから始めなければなりません。[5]

3. 英語の歴史的変遷と日本語の歴史的変遷

日本語は，歴史の中で大きく変化してきました。1000年前の日本語と現在の日本語では，語彙も文法も大きく違いますし，300年前の日本語と現代の日本語も，それなりに異なります。

源氏物語（1108年）	いづれの御時にか，女御，更衣あまたさぶらひたまひける中に，いとやむごとなききはにはあらぬが，すぐれて時めきたまふありけり。
仮名草子（1680年）	ちかきほどの事かとよ，都西山のあたりに，木阿弥といひしすりきり．世に捨てられて住むべき所もあらざれば…
現代日本語	近頃の話であるが，都の西山あたりに木阿弥という文無しの男が，世間から見捨てられて住むところもないので…

---

[5] [aʊ] から平滑化した長母音の [ɔː] は，室町末期（16世紀末）以降，[oː] という類似した長母音との合流が進み，江戸時代に入って [oː] に一本化されました（cf. 外山 (1972: 213-222)）。

源氏物語から仮名草子まで500年の間にも変化はあったのですが、仮名草子から現代日本語までの500年のほうが変化が大きいよう見えます。仮名草子と現代日本語では同じ内容の文章を並べましたが、ずいぶんと違うように見えます。[6]

時代によって言語に変化があるというのは、英語にも言えます。たとえば、イギリスの劇作家シェイクスピア (1564–1616) が活躍したのは、およそ1600年前後で、おおざっぱに言えば徳川家康の生きた時代と同じです。その頃の英語として、「ロミオとジュリエット」という悲劇の中に「ロミオ、どうしてあなたはロミオなの?」という有名な台詞がありますが、シェイクスピアの原文と現代英語では、次のようになります。

　　古英語 (16C末)　Wherefore art thou Romeo?
　　現代英語　　　　Why are you Romeo?

現代英語の Why are you Romeo? (=どうして、あなたはロミオなの) は、400年以上前の英語で Wherefore (= why) art (= are) thou (= you) Romeo? といい、現代英語とは語そのものが違っていますので、古い時代の英語というニュアンスを出すのであれば、いわば「なにゆえ汝はロミオなるや」といった感じでしょうか。

---

[6] 「仮名草子」として挙げた文例は「元のもくあみ」で、現代語訳は、岸得蔵によるものです (『日本古典文学全集37 仮名草子集・浮世草子集』小学館、東京、p. 289)。

このように，日本語にも英語にも歴史的な変化があるわけで，並べて表すと，次のように整理できます。

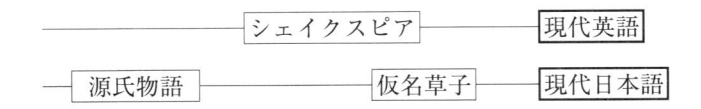

```
──────────シェイクスピア────────現代英語
──源氏物語──────────仮名草子──現代日本語
```

上の段は，おおまかな英語の歴史で，下の段はおおまかな日本語の歴史を模式図にしたものです。シェイクスピアのころの英語から現代英語まで400年の時間差があり，それなりに英語も変化しました。日本語のほうも，源氏物語が書かれたのは1000年くらい前で，そのころの日本語は現代日本語と大きく違いますし，仮名草子が書かれたころ（江戸時代初期）の日本語とも，それなりに違います。

言語の歴史的な研究は，どの言語でも専門的に行われていますが，日本語の歴史研究では，大きく五つの時代に区別します。

　　上代 .... 奈良時代とそれ以前
　　中古 .... 平安時代
　　中世 .... 鎌倉室町
　　近世 .... 江戸時代
　　近代 .... 明治以降

この区分は，おおまかな目安で，もちろん政治的な時代区分と完全に一致するわけではありません。実際，794年に，長岡京から平安京に都が遷されたからといって，突然その日に日本語が新しい時代を迎えたわけではありません。

では，上代から現代にかけて，日本語はどのように変わったで

しょうか。大きな変化を整理すると，① 音韻と仮名遣いが変わった，② 文法が変わった，③ 語（語の意味と形）が変わったという三つが挙げられます。

第一に，音韻と仮名遣いが変わったというのは，歴史的仮名遣いから現代仮名遣いへ変わったことです。具体的には「くわ」「ぐわ」が，それぞれ「か」「が」と発音するようになりましたので，「くわし（菓子）」は「かし」という仮名遣いになり，「ぐわんりき（願力）」は「がんりき」という仮名遣いになりました。また，語頭以外の「は・ひ・ふ・へ・ほ」が，それぞれ「ワ・イ・ウ・エ・オ」と発音するようになりました。

第二に，文法が変わった点として，係り結びがなくなり係助詞が単なる副助詞になったことや，敬語の体系が簡略化したことが挙げられます。また，文法に関する大きな変化として，動詞の活用の種類が変わったことが挙げられます。奈良時代には動詞の活用が8種類（四段・上一段・上二段・下二段・カ変・サ変・ナ変・ラ変）あり，平安時代には，上二段が加わって9種類になりました（上二段の動詞は「蹴る」のみ）。実は，古典文法で動詞の活用の種類が8（奈良時代）あるいは9（平安時代）だったことは，高校生なら答えられる人も多いと思います。では，口語文法（現代日本語の文法）に動詞の活用は何種類あるでしょうか。口語文法（現代日本語の文法）は中学校で学習することになっているのですが，答えに窮する人も多いのではないでしょうか。答えは5種類で，五段・上一段・下一段・カ変・サ変の五つです。古典語に9種類あった活用の種類と，現代語にある5種類の活用の種類を比べると，次のようになります。

表 24

文語	四段・下一段 ナ変・ラ変	上一段 上二段	下二段	カ変	サ変
口語	五段	上一段	下一段	カ変	サ変

これによって，古典語に 9 種類あった活用の種類と，現代語にある 5 種類の活用の種類が整理されるのではないでしょうか。では，形容詞はどうでしょう。古典文法には形容詞の活用は 2 種類ありました。「ク活用」と「シク活用」です。その上で，口語文法（現代日本語の文法）に形容詞の種類がいくつあるかと問うと，中には「二つ」と答える人もいますが，もちろん正答は「一つ」です。口語文法（現代日本語の文法）の形容詞に活用の種類が二つあるというなら，その二つを挙げてみなさいと言いたいところですが，現代日本語には 1 種類しかありません。動詞にせよ，形容詞にせよ，古典文法は高等学校で学習し，現代語文法は中学校で学習することになっていますが，大きな通時的変化を理解できている生徒は多くないように思われます。中学校でも高等学校でも構いませんので，両方を同時に見渡すような学習を経験させてやってほしいところです。

　第三に，語の形と意味が変わったことについては，いわゆる古文単語が，さながら外国語のように学習しなければならないものになっていることからよく分かると思います。「あかし」という形容詞は「あかい」のように形を変えましたし，意味を変えたものも，古典語での意味を挙げれば「いたづら（＝無駄／ひま）」「おのずから（＝たまたま／ひょっとして）」「かたち（＝容貌）」「にほふ

(＝美しく映える）」など数えきれません。

　一方，英語の歴史研究では，大きく四つに区別されます。それぞれの年代については，（考え方によって多少の違いはありますが）およそ次のようになっています。

　　古英語 .... 5世紀〜11世紀
　　中期英語 .... 12世紀〜15世紀
　　近代英語 .... 16世紀〜19世紀
　　現代英語 20世紀以降

「古英語」は，もともとケルト人がケルト語を話していた大ブリテン島（イギリス本土）にゲルマン人が移住して生活を始めた5世紀から1066年のノルマン・コンクエスト（ノルマン人によるイギリス征服）までの英語をいいます。「中期英語」は「中英語」ともいい，12世紀以降16世紀までの英語をいいます。それに続いて，16世紀からの英語を「近代英語」といい，特に20世紀以降の英語を「現代英語」といいます。ノルマン・コンクエスト（1066年）を古英語と中期英語の境界と考えるのは，ウィリアムⅠ世によってノルマン・フランス語の語彙が大幅に流入したことが理由に挙げられます。

　その上で，先述の日本語の歴史区分と，英語の歴史区分を一つにしたのが下の図です。

800	1100		1600		1900	
上代	中古		中世		近世	近代
古英語		中期英語		近代英語		現代英語

上の段が日本語の時代区分で，下の段が英語の時代区分です。言

語の変化は，その国の政治体制や文化技術に大きく影響を受けますので，日本語の歴史変化と英語の歴史変化が大きく異なるのは当然ですが，両者を比べると面白いことも分かります。前節でみた [au] から [ɔː] への変化についていえば，実は日本語の変化のほうが早かったようです。橋本進吉 (1950: 89-90) によると，日本語では「室町末期には完全に一つの音になっていた」とされる一方，英語では，中尾俊夫 (1985: 279) によると，[ɔː] が確認できるのが 17 世紀初頭とのことですので，そうすると，[au] から [ɔː] への変化については，英語での変化より日本語での変化 (室町末期 = 16 世紀中頃) のほうが早かったことが分かります。

こうした英語史に関する知識は，うまく英語学習に利用することが望まれます。最も広く用いられるのは，語源に関する情報でしょうか。文法現象については，第 2 章の第 2 節で取り上げた不規則変化動詞の話のほか，不定冠詞の a が数詞の「1」の弱化から生じたものであり，したがって，a よりも an のほうが本来の姿を留めていること (不定冠詞の a は子音の前で n が落ちた形でした) など，興味深いものがあります。

[コラム] **古語的表現**

日本語や英語を歴史的な視点から考えると，古い時代の表現が現代に残るという現象も理解できると思います。そのような表現を古語的表現といいますが，古語的表現は，古い時代には普通に使われていたものの，現在では「古い言い方」と感じられるものです。古語的かどうかを決める絶対的な基準はありませんが，たとえば，「来し方」と言えば「過去」あるいは「通り過ぎたところ」という意味で，

古語的な表現と言えるでしょうし,助動詞の「ごとし」も古語的な表現と言っていいでしょう。

このような古語的表現は,日本語にもありますし,当然,英語にもあります。英語では,たとえば,「多くの」という意味で形容詞 many を使うとき,many young men(多くの若者)のように複数名詞を修飾するのが普通ですが,これと同じ意味で many a young man のように〈many+不定冠詞+単数名詞〉という用法があることを習った人もいるでしょう。この表現は,決して話し言葉で頻繁に使われるものではなく,古語的表現(古い言い方)ですから,もし日本語に訳すのであれば「あまたの」というような日本語をあててはどうでしょう。そうすると,many a young man は「あまたの若者」あるいは「あまたの若人」となり,この表現の雰囲気を訳出すると同時に,どのような場面(文脈)で使うのが適切かも語感として理解できるかと思います。同様に,関係代名詞としての but も古語的な表現です。それにもかかわらず引用されることの多い There is no rule but has some exceptions.(例外のない規則はない)という言い方も,古語的に「例外なき規則なし」のように訳出すると,関係代名詞としての but が古い言い方であることがよく表されるのではないかと思います。

---

4. 日本語の方言と英語——「来る」の方向性

日本語と英語を比べると,英語と古代日本語の間に共通点があるだけでなく,英語と現代日本語の方言にも意外な共通性が見られます。

まず,日本語の「行く」と「来る」はどのように使われるでしょう。次の文の中で,括弧 [ ] には「行く」と「来る」のどちらが

入るでしょうか。

(1) a. 先生が私のところに [　　] ことになっている。
　　b. 先生があなたのところに [　　] ことになっている。
　　c. 先生が友だちのところに [　　] ことになっている。

標準的な日本語では，A＝「来る」B＝「行く」C＝「行く」となります。実は，日本語の「行く」と「来る」は，移動先の人称によって使い分けられています。Aのように移動先が「私」という1人称のときは「来る」が使われ，BやCのように，それぞれ「あなた」や「友人」という2人称や3人称が移動先のときは「行く」が使われます。このことを簡単に整理すると，次のようになります。

表25

移動先	1人称	2人称	3人称
動　詞	来る	行く	行く

念のため，人称の違いを確認しておきます。1人称は，話し手自身（本人）であり，「私」や「僕」等で表される対象を指します。2人称は，聞き手（相手）であって，「あなた」で表される対象をいいます。3人称は，1人称（本人）と2人称（相手）以外のものすべてをいいます。

では，英語のgoとcomeは，どのように使い分けられるでしょうか。英語の動詞goとcomeは日本語の「行く」と「来る」に対応すると思われているでしょうが，英語のgo/comeの使い

分けと日本語の「行く／来る」の使い分けには，違うところが見られます。

(2) a.　Teachers of mine [　　] to me.
　　b.　Teachers of mine [　　] to you.
　　c.　Teachers of mine [　　] to the friends.

英語では，A = come, B = come, C = go となります。英語でも，go と come は，移動先の人称によって使い分けられます。A のように移動先が 1 人称のときは come が使われ，B のように移動先が 2 人称のときも come が使われれます。C のように，移動先が 3 人称のときにだけ go が使われます。上に挙げた表 25 を拡張する形で，英語の go と come の使い分けを整理すると，次のようになります。

表 26

移動先	1 人称	2 人称	3 人称
日本語	来る	行く	行く
英　語	come	come	go

ここで注目したいのは，移動先が 2 人称のときです。2 人称は，話し手（相手）ですから「あなた（のいるところ）」に移動するとき，日本語では「行く」が使われるのに対し，英語では come が使われます。

　具体的なケースで考えてみましょう。たとえば，日常の会話において，人に呼ばれたとき，どう答えるでしょうか。日本語では

「いま行きます」のように動詞は「行く」が使われます。このケースで動詞が「行く」になるのは，移動先が「あなた」という2人称だからです。では，英語ではどうなるでしょうか。気をつけたいのは，日本語で「いま行きます」というフレーズを，そのまま直訳してはいけないということです。直訳したら，「いま行きます」→ I'm going. になってしまいますが，これは英語のフレーズとして間違いです。日本語の「いま行きます」は英語で I'm coming. というのが一般的です。このとき，動詞が come になるのは，移動先が2人称だからということになります。

　実は，日本の方言の中には，英語と同じような使い方をするものがあります。上で見たように，移動先が2人称のとき，標準的な日本語では「行く」が使われ，英語では come が使われますが，鹿児島地方の方言では移動先が2人称のときに「来る」が使われます。たとえば，鹿児島方言で会話をすると，次のようになります。

(3)　A:　おいげえ来るね（俺の家に来ないか）
　　　B:　来る，来る（行く，行く）

B の発話は，標準的な日本語で考えると「お前のところに行くわ」となるところですが，鹿児島方言では「来る」が使われます。このように，鹿児島方言では移動先が2人称のときに「来る」が使われる点で，英語で come が使われるのと共通します。

　ここで，上掲の表 26 に鹿児島方言を加えると，次のようになります。

表27

移動先	1人称	2人称	3人称
日本語	来る	行く	行く
英　語	come	**come**	go
鹿児島方言	来る	**来る**	行く

この表から，移動先が2人称（相手）のときの英語と鹿児島方言に共通性が見られます。

　なお，もう少し正確に言うと，相手（2人称）のところに移動するとき「来る」を使うのは，鹿児島だけでなく，長崎，宮崎，熊本のほか，沖縄の一部でも見られるようです。

5. 日本語の格助詞と英語の前置詞

　日本語の格助詞（「で」や「から」など）と英語の前置詞（inやfromなど）が似た働きを持つことは，気づいていることでしょう。どちらも，名詞について動詞との関係を示す働きをするからです。ただ，格助詞と前置詞の違いは，格助詞が名詞の後ろに付くのに対し，前置詞（preposition）は，その名前のとおり名詞の前に置かれる点にあります。あえて名称を揃えようと思えば，日本語の格助詞を「後置詞」と呼ぶことも可能ですし，実は，言語研究では，日本語の格助詞を「後置詞（postposition）」と呼んでいます。日本語の格助詞を「後置詞」と呼ぶことで，英語の「前置」との対比関係が明瞭になるからで，日本語では長く「格助

詞」という用語を使ってきたという経緯はあるものの，日本語と英語を相対化するには，むしろ「後置詞」vs.「前置詞」という用語法のほうが明快かもしれません。

　日本語の格助詞（後置詞）は，名詞につけて動詞との関係を表す働きを持っています。

(1) a.　太郎が公園で花子を見た
　　b.　Taro saw Hanako in the park.

(1a) で，格助詞「が」は「太郎」という名詞について「見た」という動詞の主体（主語）であることを表します。このほか，「を」は「花子」という名詞について「見る」という行為の対象（目的語）であることを表しますし，「で」は「公園」という名詞について「見た」という行為の場所を示しています。このような格助詞の働きは，英語では動詞との位置関係や前置詞で表されます。(1b) で，Taro が主語であることは動詞 saw の直前にあることが目印であり，Hanako が目的語であることは動詞の直後にあることが目印です。また，the park という名詞が saw という行為の場所を示すのが前置詞の in で，この場合は日本語の格助詞「で」と同じ働きをしています。

　日本語の格助詞と英語の前置詞は，一対一で体系的に対応しているわけではありませんが，意味的に近いものを対応させると，およそ次のように整理できます。

表28

意味関係	日本語の標示法	英語の標示法
主体	ガ	主語，by
対象	ヲ，ニ	目的語
道具や手段	デ	with, by
起点	カラ	from
着点	ニ，ヘ	to, in, on, at, into
位置	デ	in, at, on
経路	ヲ	through
原因・理由	デ，カラ，ニ	for, by, from, at, on, out of

　実は，どの助詞が日本語の格助詞かという点について，研究者によって考え方に違いがあります。たとえば，言語研究では「まで」を格助詞と扱うのに対し，学校国文法では「まで」を格助詞に入れていない（学校国文法では「まで」は副助詞です）という違いが見られるものの，話が長くなりますので，ここでは何が格助詞かという問題に関する議論は割愛します。

　ともあれ，日本語の格助詞と英語の前置詞は，名詞について動詞との関係を示すという基本的な働きのほかにも，いくつか類似点があります。

　一つは，名詞と結びついて複合的な形式を作ることです。日本語では，たとえば「〜の上で」という形式は，格助詞「の」＋名詞

「上」+格助詞「で」が固まって，一つの慣習的な表現として定着したものです。同様の表現に「〜の中に」「〜のために」「〜とともに」「〜の下から」などがあり，名詞一つと助詞二つを含んでいますが，慣習化していて一つの複合的な助詞のように扱われています。日本人が日本語として使うときには実感されていないかもしれませんが，日本語を母語としない人に外国語として日本語を教えるとき，「〜の上で」や「〜の中に」のような表現は，一つの複合的な助詞として教えます。というのも，その都度「の」と「中」と「に」を結びつけて表現を作るより，「〜の中に」という形で（熟語のように）覚えるほうが効率的だからです。英語でも on the top of というような表現は，一つの複合的な前置詞表現として慣習化されているほか，格助詞を二つ含むという点では「〜の下から」は英語でも from under（〜の下から）のように前置詞を二つ結びつけて表しますし，一つの複合的な助詞のように扱われるという点でいうと「〜の中に」「〜のために」「〜とともに」は，それぞれ英語で into, for, with のように一つの前置詞で表されます。

　もう一つは，もともと動詞だったものが前置詞や格助詞として使われるようになった例があることです。英語の前置詞として，during（〜の間）や concerning（〜に関して）のような語を学習したとき，語尾に -ing がついているのを見て，動詞の現在分詞のように感じた記憶はないでしょうか。実は，during も concerning も，もとは動詞でした。それぞれ，dure（持続する）と concern（関係する／関心を持つ）という動詞から派生した語で，動詞の -ing 形が前置詞になったものです。興味深いと思うのは，これと非常によく似た現象が日本語にも見られることです。日本語

にも「〜に関して」「〜について」「〜に対して」「〜を巡って」というような表現が慣習的に使われますが、これらの品詞は何なのでしょう。学校文法で設定されている10の品詞では分類できません。これらの表現は、専門的には「複合辞」と呼ばれていますが、広い意味で格助詞の仲間と考えてかまいません。

[コラム] 歴史的変化としての「文法化」現象

　言語研究（言語学）では、動詞・名詞・形容詞・副詞などのように具体的な意味をもつ語を「内容語」と呼び、助動詞・前置詞・助詞などのように具体的な意味が希薄で主に文法的な役割を担う語を「機能語」と呼びますが、歴史的変遷の中で内容語から機能語に変化することを「文法化（grammaticalization）」といいます。たとえば、現在、英語で未来の助動詞として用いられる will は、もとは意志（=「〜するつもりだ」）を表す一般動詞でしたが、統語的な自立性を弱めながら内容語（動詞）から機能語（助動詞）へ文法化したものです。また、前置詞として用いられる during や concerning あるいは、日本語の「〜について」や「〜において」なども、一般動詞(句)から側置詞（前置詞や後置詞）に文法化した例にあたります。このほか、形容詞の「ない」から打ち消しの助動詞「ない」が生じたり、名詞「辺」から格助詞「へ」が生じたことが知られています。

　もう少し視野を広くとると、動詞から前置詞や後置詞（格助詞）のような語が作られるというのは、英語や日本語だけではありません。中国語にも同様の例があり、「把（ba）」という語は、もとは「とる（take）」の意味でしたが、現在は日本語の「を」にあたる前置詞のように使われます（ちなみに、英語の前置詞にあたる品詞を中国語では「介詞」といいます）。このほか、ポルトガル語やタイ語で、移動や変

化を表す一般動詞が相（アスペクト）を表す文法標識に文法化した現象や，身体部位を表す名詞が前置詞に変化した現象などが知られています。

　語彙の「生態系」という観点からみたとき，内容語は既存の内容語をもとに改造されたりまったく新しく造語されたりして，多くの新語が生まれますが，機能語はまったく新しい語として発生することはなく，基本的に内容語が弱くなるか既存の機能語が結合して作られるしかありません。別の言い方をすると，内容は，既存の語から作られることもあればまったく新しい語が生じることもあり，比較的自由に造語できるのに対し，機能語が新たに生じるときは内容語が弱くなった場合に限られます。このとき，機能語が生じる〈内容語→機能語〉という変化が文法化と呼ばれる現象です。

　これとは逆の現象，つまり，機能語から内容語が発生する現象は極めて珍しく，たとえば，日本語で，格助詞「より」から「より大きく」のように比較を強める副助詞となった例や，助詞そのものを並べた「てにをは」が名詞に再範疇化した例があげられます。このような，文法化と逆向きの〈機能語→内容語〉の変化を脱文法化（degrammaticalization）と呼びます。英語では omnibus（乗り合い自動車）の語尾から bus が独立して名詞（内容語）になった例が知られているほか，接尾辞で「〜主義」を表す ism が，独立した名詞（内容語）として定着したケースも脱文法化にあたります。

6.　格助詞と接続助詞／前置詞と接続詞

　英語の前置詞には，従属接続詞と同じ形をしたものがあります。前置詞というのは名詞の前に置かれるものでしたが，従属接続詞は「節」の前に置かれ，二つの節を結んで一つの文にすると

きに使う接続詞です。節というのは，SV 構造（主語と述語をもつ構造）のことで，それだけで文になることもできます。次の例で，(1a) の before は前置詞で，(1b) の before は接続詞として使われています。

(1) a. John woke up this morning before the sunrise.
（ジョンは今朝は日の出前に起床した）
b. John woke up this morning before the sun rose.
（ジョンは今朝は陽が昇る前に起床した）

この中で下線部の語は同じ形をしていますが，(1a) の before が前置詞なのは直後に名詞が来ているからで，(1b) の before が従属接続詞なのは，直後に SV という節が来ていることからです。

同様のことは，since にも言えます。

(2) a. I have been studying German since my entrance to university.
（大学入学以来ドイツ語を勉強してきた）
b. I have been studying German since I entered university.
（大学に入学して以来ドイツ語を勉強してきた）

(2a) の since は直後に名詞が来ていることから前置詞で，(2b) の since は直後に SV が来ていますから接続詞ということになっています。

では，(1) の before や (2) の since は別物なのでしょうか。歴史的な経緯から言うと，別の語が同じ形をしているというよ

り，同じ語が異なる使われ方をしているだけというのが本当のところです。[7]

　興味深いと思われるのは，同様のことが日本語に見られることです。英語の前置詞が日本語の格助詞に似ていることは前節で話しましたが，英語の接続助詞のような働きをする語は，日本語では接続助詞になります。英語での前置詞から従属接続詞に変化したのと同じように，日本語の格助詞は接続助詞に変わりました。現在，格助詞と接続助詞で同じ形をしたものがあるのは，その結果です。次の (3) や (4) では，同じ形の語が格助詞で使われたり，接続助詞で使われたりしています。

(3) a.　突然，花子が学校を辞めると言い出した。
　　b.　全員で花子を説得したが，花子は決心を変えなかった。
(4) a.　ついに，過労から校長が緊急入院しました。
　　b.　疲労がたまっていますから，しばらく安静が必要です。

(3a) の「が」は名詞についていますから格助詞で，(3b) の「が」は述部（=「説得した」）に直接ついていますから接続助詞ということになります。同様に，(4a) の「から」は格助詞で，(4b) の「か

---

[7] 歴史的には，前置詞が従属接続詞として使われ始めたとき，接続詞 that を伴って，たとえば，after that S V のような使われ方をしていましたが，のちに that が落ちて，after が単独で従属接続詞になりました。現在，in だけは，in that の形で使われますが，その that は古い時代の名残と言われています。

ら」は接続助詞です。

このように，助詞の中には格助詞と接続助詞の両方で用いられるものがあります。次の表29のように，格助詞と接続助詞を整理すると，同じ形の助詞が三つあります。「が」「から」「と」です。

表29: 現代日本語文法の格助詞と接続助詞

	格助詞	接続助詞
現れ方	名詞につく	用言・助動詞につく
例	「が」「から」「と」 「を」「で」「に」 「より」「へ」「の」	「が」「から」「と」 「や」「けれども」 「て」「ところが」 「のに」「ので」

この表の中で，格助詞の「が」「から」「と」と接続助詞の「が」「から」「と」は別物なのでしょうか。実は，歴史的な変化の中で，格助詞から接続助詞に変化したものであることが分かっています。次の例で，(5a)は助詞「が」が格助詞として用いられた例で，(5b)は接続助詞として用いられた例です。

(5) a.　燈火(ともしび)の影にかがよふ現世(うつせみ)の妹が笑(ゑ)まひし面影に見ゆ

　　　　　　　　　　　　　　　　　　　　（万葉集　2643）

　　b.　昔より多くの白拍子ありしが，かかる舞はいまだ見ず。　　　　　　　　　　　　　　　（平家物語・祇王）

　　　（昔から多くの白拍子がいたが，こんな舞は今まで見たこと

がない)

もともと助詞「が」は，(5a) のように格助詞としてのみ用いられ，平安時代中期まで接続助詞の「が」は存在しなかったそうです。(5b) のように，接続助詞として用いられるようになったのは，それ以降で，それでも逆接の用法しかなかったそうです。

同様のことは，助詞「に」にも言えます。助詞「に」も，もともと，(6a) のように，格助詞としてのみ用いられていましたが，のちに，(6b) のように接続助詞としても用いられるようになりました。

(6) a. 朝に死に，夕に生るるならひ，ただ水の泡にぞ似たりける。　　　　　　　　　　　　　　　　　(方丈記)
(朝，誰かが死に，夕べに誰かが生まれるという習わしは，ちょうど水の泡にも似ていることだ)

b. 露の落つるに枝のうち動きて，　　(枕草子・130段)
(露が落ちると枝が動いて)

品詞分類という観点から言えば，(6a) の「に」は格助詞で，(6b) の「に」は接続助詞ということになりますが，助詞「に」が接続助詞として確立したのは平安時代以降のことで，それまでは，格助詞か接続助詞か完全に区別できないような用例も多く，長い時間の中で格助詞の「に」から接続助詞の「に」が分かれていったというのが本当のところです。そう考えると，学校文法で，たとえば「この『に』は，格助詞か，接続助詞か」という問いは，ある意味でナンセンスのようにも思えます。

7. 単数と複数の中間

「数 (number)」というカテゴリーは，学校英文法で「単数」と「複数」に分けられます。もっとも，「単数と複数に分ける」という考え方は言語学の研究者の発想で，中学生や高校生にとっては「単数と複数を合わせて数 (number) という」といったほうが分かりやすいでしょうか。ともあれ，言うまでもなく，「単数」というのは「1」という数字のことで，「複数」というのは「2以上」のすべてを含む概念です。「単数」と「複数」は，一対の概念として二つ並べて取り上げられますが，両者は決して対等ではありません。

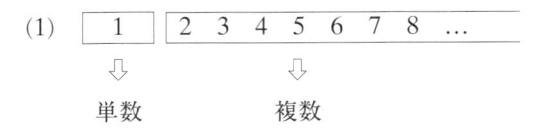

(1)　　| 1 |　| 2　3　4　5　6　7　8　... |
　　　　　⇩　　　　　　　⇩
　　　　単数　　　　　　複数

(1) で図示したことで見えてきたかと思いますが，「単数」は「1」ひとつだけで，「複数」は無限にあります。その意味で，「単数」と「複数」は非常にアンバランスな関係にあることが分かると思います。

では，数は，単数と複数に分ければ十分でしょうか。実はもう少し細かく見ると，面白いことが浮かび上がってきます。英語では，「複数」の中でも特に「2」という数字は，他の複数とは違う独特の振る舞いを示すからです。このことを示す現象を三つ挙げたいと思います。

第一は，相互代名詞の用法です。次の (2) と (3) のペアで，それぞれ，副詞と前置詞の使い方に注目したとき，(2a) と (2b)，

(3a) と (3b) では, どんな使い分けがなされているでしょうか。

 (2) a. They helped each other.
   （彼らは互いに助け合った）
  b. They helped one another.
   （彼らは互いに助け合った）
 (3) a. John stands between his friends.
   （ジョンが友人の間に立っていた）
  b. Bill stands among his friends.
   （ビルが友人の中に立っていた）

(2) では,「互いに」という意味が each other と one another という二とおり表現で表されています。each other も one another も, 品詞としては代名詞で, 正確には「相互代名詞」と呼ばれます。両者の違いは, 原則として, each other が「二つ」あるいは「2人」の間の相互関係に使われるのに対し, one another は「三つ」あるいは「3人」の間の相互関係に使われます。このように, 複数の中でも「2」だけは, やや特別な地位にあるということが分かるでしょうか。[8]

第二に,「2」が特別な扱いを受けていることの証左として,「2」という数を表す特有の表現があることが挙げられます。英

---

[8] 相互代名詞 each other と one another の差異について, 現在は「2」と「3以上」という基準での使い分けはないと記述する辞書もあり, 実際そういう差異は見られないという本もありますが, 差異を持ち続けているネイティブも少なくありません。

語では，pair や couple という名詞は語彙的に「2」の意味を持ち，a pair of 〜 といえば「二つ」で1組になっていることを表しますし，そもそも pair や couple は，それだけで「二人組」あるいは「カップル／夫婦」を表します。[9]

　第三に，複数の中で「2」が特別な地位にあることは，英語の「数詞（numeral）」にも反映されています。「数詞」は，数字に関する品詞のようなもので，中学校や高等学校では「基数詞（cardinal number）」と「序数詞（ordinal number）」を学習することになっています。「基数詞」は数や量を表す通常の数詞で，序数詞は順番を表す数字です。下の表は，英語の「基数詞」と「序数詞」を比べたものですが，語形成の点で「1」と「2」が「3以上」と異なることが分かります。

表30

基数詞	one	two	three	four	...
序数詞	**first**	**second**	third	fourth	...

---

[9] ただ，a couple of は，厳密に「2」でない場合もあり，たとえば a couple of days といったときは「2日」かもしれませんし「3日」のこともあるそうです。また，特定の数量を表す表現は「2」以外にもあります。英語では，dozen（=12）や score（=20）がありますが，文法現象に反映するのは「2」だけです。

「3以上」の数字では基数詞から序数詞が派生したことが分かるのですが、最初の二つ「1」と「2」だけは基数詞と序数詞が大きく異なります。実際、「3」の場合、基数詞 three と序数詞 third は、語頭の th が共通し、その後ろに r を含む点まで共通していますし、「4」以降は、基本的に基数詞の語末に -th を付けることで序数詞が作られます。これに対し、「1」の one と first は形態的にも似ていませんし、「2」の two と second も形態的な類似性がありません。この点で、「1」と「2」は、「3以上」の数字と比べて特別な存在のように見られます。

一方、日本語にも「2」と「3以上」を区別する現象が二つ見られます。第一は、「どちら／どっち」と「どの／どれ」です。「どちら」や「どっち」は、「二つ」のものから一つを選ぶときに使い、「どの」や「どれ」は、「三つ以上」のものから一つを選ぶときに使います。次の例を見てみましょう。

(4) a.　中国語とロシア語では、どちらが難しいですか。
　　b.??中国語とロシア語では、どれが難しいですか。
(5) a.　?47都道府県で、どちらの都道府県が好きですか。
　　b.　47都道府県で、どの都道府県が好きですか。

(4)のように二つのものの中からの選択では、「どちら」が用いられ、「どれ」は不自然ですね。(5)のように三つ以上のものの中からの選択では「どちら」ではなく、「どの」が自然ではないでしょうか。人によっては、(5)のときに「どちら」も使えるという人もいるかもしれませんが、それは「どちら」を丁寧語として使っている場合で、丁寧語を外した場合は、「どの」が使われる

ことでしょう。[10]

　第二に,「2」が「複数」の中で特別な地位にあることをうかがわせる事象として「兄弟」あるいは「姉妹」の言い方が挙げられます。比較的世間で有名な兄弟・姉妹になると,苗字を付けて「○○兄弟」あるいは「○○姉妹」という言い方をします。そのとき,兄弟（姉妹）の人数が「2人」のときと「3人以上」のときとで,少し違う振る舞いを見せます。下に挙げた例で,（6）のように,兄弟（姉妹）の人数が「2人」のときは「○○二兄弟」とか「○○二姉妹」という言い方はしません。ところが,（7）のように,兄弟（姉妹）の人数が「3人以上」になると「○○三兄弟」とか「○○三姉妹」という言い方が成り立ちます。

　　（6）　ぴんから兄弟（1970年代の演歌デュオ,宮史郎・宮五郎）
　　　　　宗兄弟（元マラソン選手の宗 茂（そうしげる）・宗 猛（そうたけし））
　　　　　ライト兄弟（飛行機を発明したアメリカ人の兄弟）
　　　　　浅田姉妹（フィギュアスケートの浅田舞・浅田真央）
　　（7）　浅井三姉妹（浅井長政の娘,茶々・初・江）
　　　　　田村三兄弟（俳優の田村高廣・田村正和・田村亮）
　　　　　藤原四兄弟（藤原不比等の子どもたち）

兄弟（姉妹）は,言うまでもなく複数であって,単数の兄弟（姉妹）はあり得ません。複数であることを前提とする兄弟（姉妹）の中で,「2」だけ「〜兄弟（姉妹）」の「〜」のところに入らないとい

---

[10] ただし,「どちら」は方向を表す用法があります。

うのは，まさに「2」が「複数」の中で特別な地位にあるからと言えるのではないでしょうか。

ここまで見たように，「数」という概念の中で「2」という数字が特別の扱いを受けると言うことになりますと，「数」は「単数」と「複数」に二分されるだけでなく，その間に「2」という特別のカテゴリーを設定してもいいかもしれません。そうすると，数を次の (8) のように考えることもできるわけです。

(8) | 1 | 2 | 3 4 5 6 7 8 ... |

このとき，言語学の専門用語では「2」のことを「双数 (dual)」と呼びます。そうすると，言語学では，数は「単数」「双数」「複数」という下位分類で考えるということになります。

ここで少し話を発展させますが，「3」はどうでしょうか。特定の数を表す漢字があるかどうかという観点から見てみると，漢字には「1」を表すものや「2」を表すものがいくつか見られます。「1」を表す漢字として「単」「独」「唯」「片」「隻(せき)」などがありますし，「2」を表す漢字として「両」「双」「対」があります。この流れで言うと，「3」を表す漢字として挙げられるのは「鼎」だけではありますが，かろうじて「3」を表す固有の表現があるということから，もしかすると「3」も少しだけ独立性があるかもしれません。

英語にも，「3」の独立性を暗示する現象が見られます。英語には，上の表30に挙げた基数詞と序数詞のほか，「反復数詞 (repetitive number)」と呼ばれるものがあります。「反復数詞」というのは，およそ「○回」や「○度」のように，回数を表す数詞で，具体的には once, twice などをいいます。上掲の表30に

「反復数詞」を書き加えると，次の表31のようになります。

表31

基数詞	one	two	three	four ...
序数詞	first	second	third	fourth ...
反復数詞	once	twice	(thrice)	

　この表31が表しているように，「4」以上の数字には語としての「反復数詞」はありません。では，「4」以上の数字に対しては，four times（4回）とか ten times（10回）などのように「基数詞＋times」という表現（句）を使います。語として「反復数詞」があるのはそれ以下で，「1回」を表すのが once で，「2回」を表すのが twice です。この二つは，一つの単語で表されます。微妙なのが「3回」で，普通は，three times といいますが，1語で thrice という語もあることはあります。この点で「3回」も「2回」と同様に，やや他の「複数」から独立しているところがあると言っていいかもしれません。実は，言語学では「双数」のほかに，「三数(さんすう) (triple)」という概念があって，「3」という特定の数を表す言語表現をいいます。特に「3」を表す「鼎」という漢字があることや，英語の thrice という反復数詞があることは，「三数」の反映と考えることもできるかもしれません。[11]

---

[11] 数としての「2」や「3以上」の振る舞いについては，専門的ではありますが，定延利之（2000, 2006）に興味深い分析があります。

8. 消えた接続助詞の「に」

 古典と現代語では，仮名遣いや語や文法が変わりましたが，文法の変化の中には，助詞や助動詞にも変化が見られます。その中でも，接続助詞の変化を次のように整理してみました。古典語から現代語まで使われ続けているものもありますし，歴史の中で消滅した接続助詞もあれば，新しく作られた接続助詞もあります。

古典語の接続助詞	「ば」「とも」「ども」「と」「ど」「が」「に」「を」「て」「で」「して」「つつ」「ながら」「も」「ものの」「ものから」「ものゆゑ」「ものを」「からに」
現代語の接続助詞	「ば」「から」「ので」「と」「て (で)」「が」「のに」「ても (でも)」「ものの」「ながら」「し」「まで」「けれども (けれど，けど)」

この中で，「ば」「と」「て」は古典語から現代語まで使われ続けていることが分かります。その一方で，古典語にあった「を」や「ものゆゑ」は現代語で使われなくなり，逆に，古典語になかった「ので」「けれども」が現代語で使われるようになりました。

 さて，問題は接続助詞の「に」です。古典語では接続助詞に「に」があったのですが，現代語の学校文法では，接続助詞としての「に」が認められていません。「思うに」や「先生が言うには」のような構造の中の「に」は，「思う」や「言う」という動詞についていることから，明らかに接続助詞と扱うべきところですが，学校文法では格助詞と記述（説明）されています。こうした記述を妥当なものとするため，格助詞の定義を「名詞または動詞

につく」と記述する有り様で,結果として,記述が煩雑になってしまっています。古典文法では,接続助詞が認められていますので,結果として,現状では,古典文法と学校国文法では,助詞「に」の扱いに次のような違いが生じてしまっています。

	格助詞の「に」	接続助詞の「に」
古典文法	名詞につく	用言・助動詞につく
学校文法	名詞または動詞につく	ϕ

この表で「ϕ」というのは「ない」という意味です。学校文法では,「に」に接続助詞としての用法を認めていないために,格助詞として記述しなければならず,その結果,「思うに」や「考えるに」のようなフレーズの中の「に」も格助詞として記述するために,格助詞の説明に「名詞または動詞につく」と書かなければならなくなります。一方で,古典文法では,接続助詞としての「に」を認めていますから「格助詞は名詞につく」「接続助詞は用言・助動詞につく」という明快な説明が成り立ち,p. 133 の表 29 と同じ説明で済むわけです。こうした不統一の解消は非常に簡単で「に」に接続助詞としての用法を認めればいいわけで,そうすれば,一貫して「格助詞は名詞につく」「接続助詞は用言・助動詞につく」という明快な説明で十分になるわけです。

[コラム]　機能語としての助詞・助動詞

　助詞と助動詞をほかの品詞と区別することは，実は別の意味で重要です。助詞や助動詞が，他の品詞と違って，語彙が限られているという点です。たとえば，名詞や動詞であれば，新しい語が造語されることはよくあることで，（それが長く存続するかどうかはともかく）毎年，何十もの新語が話題になります。ところが，助詞や助動詞については，新しく生じるということは，ほとんどありません。実際，この50年で新しく助詞や助動詞が追加されたという話は聞きません。学校国文法で「自立語」といわれるものは，一般言語学で「内容語」といわれるものに相当し，助詞や助動詞のように，単独では使われず常に別の語に付属して使われる語は「機能語（function word)」と呼ばれます。重要なのは，機能語の特徴として，どの言語でも機能語は語彙が限られており，音声的に弱く発せられるという点です。実際，日本語の助詞や助動詞は，相対的に弱く発音されますし，これを強く読むのは意図的に強調したいときに限られます。

　同様のことは，英語にも言えます。英語で「機能語」にあたるのは，助動詞・前置詞・冠詞・接続詞・関係詞・人称代名詞で，語彙的に限られているだけでなく，音声的に弱く発せられます。英会話で，特に聞き取りにくいのは機能語が弱く発せられることが理由の一つであると同時に，日本人が英語を話すときに上手に聞こえない理由の一つに機能語を弱く読まない（強すぎる）という点が指摘されます。

　英語で機能語を弱く読むことができない生徒が多い中で，日本語で機能語を弱く読んでいることを自覚すると，効果があるかもしれません。

第 5 章

英語の表現と日本語の表現

第5章では，日本語と英語の表現の中で，比べるべきものを選んで解説を加えたいと思います。ここで取り上げるトピックも，広い意味での文法現象ですが，ここでは表現の仕方に関わるトピックを集めました。

1. 動詞の「重さ」の違い

英語では，一つの節（clause）に何度も動詞が出てくると不自然になりますが，日本語は一つの文に動詞が何度か出てきても不自然ではありませんので，英語の形容詞や前置詞句を日本語の動詞で訳出すると自然な日本語になることがあります。この話は具体的な例がないと分かりにくいかもしれませんので，次の英文を見てください。

(1) They were the first successful developers of these mines.

この英文を逐語的（直訳的）に和訳すると，次のような日本語が標準的でしょうか。

(2) （彼らは）これらの鉱山の最初の成功裏の開発者たちであった。

この日本文は，もとの英文に忠実ではあるものの，日本語として決して自然ではありません。より日本語として自然な表現にするなら，次のような感じになるでしょうか。

(2′) （彼らは）このあたりの鉱山を開発して最初に成功した人たちであった。

これで，随分と自然な日本語になったと思いますが，(2′) の日本語と (1) の英語を比べると，もとの英文の中に動詞は were しかなかったのに，(2′) の日本語には文末の述語「であった」のほかに「開発して」と「成功した」という二つの動詞が含まれています。このうち，「開発して」の意味はもとの英文で developers という名詞に含まれる意味成分で，「成功した」の意味はもとの英文で successful という形容詞の中に含まれる意味成分です。いずれも，英文では名詞や形容詞で表されていた部分が，日本語では動詞を使って表現されていることが分かると思います。

このように，(1) の英文に develop や succeed という動詞が使われていないのは，実は，英語では，一つの文に動詞を何度も使ってしまうと，英語として不自然になるという事情があるからです。実際，(2′) の日本語を逆に英訳してみると，They developed these mines and succeeded for the first time. のようになりますが，定動詞（述語となる動詞）が二つあるために，やや重い感じの文になってしまいます。このような日本語と英語の性格の違いは，次のように要約されます。

> 英語では，一つの文の中に複数の動詞が含まれると不自然になるのに対し，日本語では，一つの文に複数の動詞があっても不自然になりにくい。

ここでいう「動詞」というのは，文の中核としての述語という意

味で，不定詞や分詞は少し事情が違います。たとえば「水素と酸素が結合して水 (H_2O) ができる」というとき，次の (3a) より，(3b) のほうが自然な英語に感じられます。

(3) a. Hydrogen and oxygen <u>are combined</u> and they form water.
   b. Hydrogen and oxygen <u>are combined</u> to form water.

(3a) には，中核となる述語が二つ (are combined と form) あり，等位接続詞で結ばれていますが，この長さの単純な内容の文に二つもの述語が含まれるよりは，(3b) のように，述語を一つにして，もう一つを不定詞にするほうが自然な感じがします。このように，英語において，定動詞 (finite verb) の連続を嫌うという傾向が，おそらく準動詞の発達を促したものと思われます。この結果として，英語では準動詞といわれる不定詞句や分詞句が発達しているわけです。

また，次のように，英語の前置詞句が動詞で訳出されることもあります。

(4) a. John broke the vase into pieces.
   b. ジョンは花瓶を割ってバラバラにした。

(4a) の中の前置詞句 into pieces は，(4b) の日本語の中で「バラバラにした」という動詞句になっています。このほか，日本語の動詞表現が英語の前置詞句で表される例として，come on foot (歩いて来る) や a girl in red (赤い服を着た少女) のような表現があります。日本語で「歩いて帰る」の「歩いて」は on foot という前置詞句で表されますし，「赤い服を着た」は in red とい

う前置詞句で表されます。ここで，英語で表現するという観点から要点を整理すると，日本語で「歩いて」や「(赤い服を)着た」のように動詞で表すからといって，それを英語でも動詞で表してよいとは限らないということです。もちろん，日本語で「徒歩で」のように〈名詞＋格助詞〉という形になっていれば，on foot という熟語が思い浮かびやすいでしょうが，「歩いて」のように動詞が含まれていると，つい英語でも動詞を使わなければならないように思ってしまうことが予想されるからです。

では，練習してみましょう。次の (5) の英文を，日本語にしてみてください。

(5) a. From my standpoint, something invisible is often more important than something visible.
   b. Nobody noticed my absence from the meeting.

もちろん，いくつかの訳文があり得るでしょうが，一つの解答例として次のような日本語にすることができるでしょう。

(6) a. 私の立場から言うと，目で見えるものより目に見えないもののほうが大切なことが多い。
   b. だれも私が会議を欠席したことに気づかなかった。

(5a) の文頭にある From my standpoint の部分に動詞は含まれていませんが，日本語では (6a) のように「言うと」をつけたほうが座りがよく，invisible や visible は英語としては形容詞ですが，日本語では「目で見えない(もの)」や「目に見える(もの)」のように動詞を含んだ表現になります。なお，副詞の often は，もちろん「しばしば」という表現が直接的で分かりやすいのです

が，(6a) のように「～ことが多い」のように形容詞を述語として使うと自然な日本語になることがあります。ということは，逆に言うと，日本語で「～ことが多い」のように表される内容は，英語にするとき，副詞 often や in many cases のようなフレーズを使うと自然に表現できるということでもあります。また，(5b) については，my absence from the meeting の部分が難しいかもしれません。この部分で，absence（欠席／不在）という名詞の後ろに from という前置詞が来ているのは，形容詞の absent が absent from the meeting（会議を欠席する）のように前置詞 from を伴って使われるのを引き継いだためです。そうすると absent from the meeting は「会議の欠席」という意味になり，my は absence の意味上の主語ですから，全体として，「私が会議を欠席したこと」というように動詞を含んだ表現にすると自然な日本語になります。繰り返しになりますが，英文解釈のとき，英文の中に動詞が含まれていなくても，日本語では動詞に変えて解釈すると自然な日本語になることがあり，逆に，日本語では動詞で表されている部分も，英語では名詞や形容詞あるいは副詞で表すと自然になることがあるのです。

このように，一つの文の中に複数の動詞が含まれると英語では不自然になるのに対し日本語では不自然にならないということは，英語に比べて日本語の動詞は文の中で「それほど重くない」ということもできます。英語と日本語では動詞の「重さ」に違いがあると考えると，同じ内容だからといって同じように動詞が使われるわけではない理由も分かるのではないでしょうか。

2. 英語も日本語も複文の順序を変えられる

英語は，主節と副詞節の順序を入れ替えることができ，ニュアンスの違いを出すことができます。同じことは日本語にもいえます。主節と副詞節の順序を入れ替えることで，自分の気持ちに近い内容を表現できます。

学校英文法では，主節と従属節からなる文を複文と言います。その従属節が副詞節のとき，次の (1a) のように〈副詞節＋主節〉の順番が普通ですが，(1b) のように〈主節＋副詞節〉の順番にすることも可能です。

(1) a. When I was six years old, I moved to Kobe with my family.
　　b. I moved to Kobe with my family when I was six years old.

(1a) も (1b) も，実は微妙に意味合いが異なりますが，内容的には同一ですから，中学校や高等学校では，どちらも「私は 6 歳のとき家族で神戸に引っ越した」のように同じ日本語に訳すことが多いようです。

一方，日本語でも，主節と従属節（副詞節）の前後関係を変更することができます。次の例をみてください。

(2) a. 私が 6 歳になったとき，家族で神戸に引っ越した．
　　b. 家族で神戸に引っ越したのは，私が 6 歳になったときだった．

この二つは，まったく同じ意味でしょうか。(1) のように英語で

見たときは違いが分かりにくかったかもしれませんが、(2)のように日本語で比べると、ニュアンスに違いがあることに気づくのではないでしょうか。(2)の文には「私が6歳になった」と「家族で神戸に引っ越した」という二つの出来事(節)が含まれますが、(2a)では、どちらかというと「家族で神戸に引っ越した」のほうにウエイトがあり、(2b)では「私が6歳になった(とき)」のほうにウエイトが置かれているように解釈できると思います。このように、二つの節(主節と副詞節)が並んでいるときは、基本的に、後ろに置かれたほうの節に意味的な重み(ウエイト)があるということが知られています。

　同様のことは、次のペアにも言えます。

(3) a. 我々は、貴方を信じていたから、ここまで付いて来たんです。
    b. 我々がここまで付いて来たのは、貴方を信じていたからです。

(3a)は〈従属節＋主節〉の順になっていますので、後ろにある主節「ここまで付いて来た」にウエイトが置かれるのに対し、(3b)は〈主節＋従属節〉の順になっていますので、後ろにある従属節「貴方を信じていた(から)」が相対的に強調されます。

　このことは、英語で表したときにも有効です。

(4) a. Because we believe in you, we have followed you so far.
    b. We have followed you so far (just) because we believe in you.

(4a) のように,〈従属節 + 主節〉の順に並んでいるときは,主節 "we have followed you so far" にウエイトが置かれ,(4b) のように,〈主節 + 従属節〉の順に並べられたときは,従属節 "because we believe in you" のほうが相対的に強調されます。だからこそ,(4b) では,従属節の直前に副詞 just を付けて,より強調することが可能なのです。ですから,二つの節のうち「ここまで付いて来た (we have followed you so far)」という主節のほうが重要ならば,(4a) のように通常の順序で書けばいいのですが,もし,主節よりも従属節 (=「貴方を信じていたから (because we believe in you)」という理由) のほうを強調したいなら,(4b) のように従属節を後ろに置くことになります。

この違いは,具体的な文脈の中で考えると一層はっきりします。たとえば,A さん (部下) と B さん (上司) の会話の中で,A さんが必死に B さんを励ましているとします。A さんが B さんに,Please, don't give up. You are our boss!(諦めないでくださいよ。あなたは私たちの上司でしょう!)と言った後に (5) の内容を伝えるとしたら,(5a) と (5b) では,どちらに説得力があります。

(5) a. Please, don't give up. You are our boss! Because we believe in you, we have followed you so far.
   b. Please, don't give up. You are our boss! We have followed you so far (just) because we believe in you.

やはり,(5a) よりも (5b) のほうが自然です。この文脈では「あ

なたを信じていたから (because we believe in you)」という理由の部分（従属節の内容）を強調したいわけで，(5a) より (5b) のほうが自然なのは，その従属節が後ろに置かれているからです。

このように，主節と副詞節の前後関係には，基本的に「後ろの節にウエイトが置かれる」という原則がありますので，英語を書くとき（あるいは英語を話すとき），自分が言いたい内容に応じて使い分けることが可能です。また，(1) や (4) に見られる違いは，基本的に日本語の (2) や (3) の違いと同じですから，(1) や (4) は，(2) や (3) のように訳し分けると，文脈の中で自然な日本語になります。

［コラム］　英語は「名詞中心」か

「名詞中心」か「動詞中心」かという話は，翻訳の立場からも論じられています。外山滋比古 (1987: 10) や安西徹雄 (1983: 36) らによると，英語は「名詞中心」であり，ある出来事を捉えるとき，出来事の中からモノ（名詞）を取り出し，モノとモノとの関係で分析するのに対し，日本語は「動詞中心」であり，出来事が自ずから発生したかのように捉え，モノは付随的なものとして分析すると説明されています。日本語が「動詞中心」ということは，本書がいうように「日本語は英語より動詞が軽い」という記述と矛盾するように見えるかも知れませんが，文の中で動詞が中心的な要素としていくつか配置されるということは，全体の中で一つの動詞が担うウエイトが相対的に小さくなるということですから，これが「日本語は英語より動詞が軽い」という記述の意味するところであります。日本語は「動詞が軽い」からこそ，発話の中で多用されても，それだけで不自然さ

の原因にはならないということです。

---

3. 「使える英語」は「使える日本語」で

　「使える英語」であるとか「生きた英語」であるとか言われますが，学校英語を「死んだ英語」と揶揄する人も少なくありません。しかし，当然のことながら，英語に「生きた英語」と「死んだ英語」の2種類があるわけではありません。英語は一つであって，それを使えるように理解しているか，使えないような理解の仕方しかしていないかは，理解する人間の問題です。「生きた英語／使える英語」として理解するためには，英語を「生きた日本語／使える日本語」で理解しておかなければなりません。

　こうした流れで言えば，たとえば，working wives は「働いている妻たち」というよりも，「仕事をもっている主婦（妻）」と訳してもらいたいし，そうでなければ，「仕事をもっている主婦（妻）」を英語で表現することはできないでしょう。また，one of the best ... も，「最も ... なものの一つ」などという日本語でしか理解していないとしたら，あまりに不自然で，出てくるたびに厄介な語法と嫌がられてしまうばかりで，英語で自分を表現する力は身につかないでしょう。これに「屈指の」という日本語をつけておけば，自然な日本語になるだけでなく，日本語で「屈指の」と浮かんだときにも，one of the best ... や one of the most ... といった日本語が出てくれば，厄介ものから便利な語法に変わることでしょう。繰り返しになりますが，「死んだ英語」を「生きた英語」にするということは，「生きた日本語」で理解するとい

うことにほかなりません。

　当然のことながら，文法も，やはり「使える日本語」で覚えておきたいものです。私が最悪と感じているものの一つに，例の「クジラの構文」があります。言うまでもなく，「クジラの構文」は，次の (1a) に代表される no more ... than ... 構文であり，(1b) あるいは (1c) のように和訳されます。

(1) a.　A whale is no more a fish than a horse.
　　b.　馬が魚でないのと同じようにクジラは魚ではない。
　　c.　クジラが魚でないのは馬が魚でないのと同じだ。

「クジラが魚であること」が「馬が魚であること」よりも，もっとありえないことを表す比較構文であり，言い換えれば，「馬が魚でない」ことの確実性を前提にして，「クジラが魚でない」ことが，それに劣らないことを表しています。結果的に，「クジラ」と「馬」の両方が否定されるものです。この裏返しが，no less ... than ... で，次の (2) のように例示されます。

(2) a.　Jane is no less beautiful than her sister.
　　b.　ジェーンはお姉さん／妹さんに負けず劣らず美しい。
　　c.　ジェーンが美しいのはお姉さん／妹さんが美しいのと同じだ。

(2a) は俗に「美人姉妹の構文」といわれますが，「彼女本人が美人であること」が「姉(妹)が美人であること」との比較において決して劣らないことを表す構文で，結果的に，「彼女本人」と「姉(妹)」の両方が肯定されます。

　そこで，です。(1b, c) や (2b, c) のような日本語は，「生きた

日本語」でしょうか。逆に，(1b, c) や (2b, c) のような「死んだ日本語」でしか理解していないないから，(1a) や (2a) も「死んだ英語」になってしまうのではないでしょうか。クジラの構文は，それ自体「死んだ英語」なのではなく，これを「死んだ日本語」に訳してしまうから「生きない」のです。そこで，(1a) や (2a) を，それぞれ次の (3a) や (3b) のような日本語で理解してはどうでしょう。

 (3) a. 馬が魚じゃないんだから，クジラだって魚じゃない。
   b. お姉さん（妹さん）が美しいが，ジェーンも同じように美しい。

これなら，(1b, c) や (2b, c) より，まだ日本語として通じるでしょう。要するに，二つのものを比べるのに，一方が確実に否定（肯定）されることを利用して，もう一方をそれ以上に否定（肯定）するというのがクジラの構文（あるいは美人姉妹の構文）の意味構造ですので，それぞれの構文を (3a) や (3b) のような日本語と結び付けておくと，次の (4a) や (4b) のような日本語を英語にすることが期待できると思われます。

 (4) a. 俺が受験に成功しなかったのだから，お前が成功するはずがない。
   b. 小澤征爾は偉大な指揮者だが，佐渡 裕(ゆたか)も負けてない。

(4a) は，「俺」と「お前」の両方を「成功」から否定するもので，(4b) は「佐渡裕」と「小澤征爾」の両方を「偉大な指揮者」として肯定するものです。いわゆる「クジラの構文」や「美人姉妹の

構文」を (3) のような日本語で理解していれば，(4) を (5) のように表すことができるでしょう。

(5) a. You can be no more successful in the entrance examination than I was.
   b. Yutaka Sado is no less a great conductor than Seiji Ozawa.

要するに，(4) のような日本語を思いついたとき，(5) のような英語で表すことができるかどうかが肝要であって，ここにクジラの構文を学ぶ意味があるのではないでしょうか。繰り返しになりますが，クジラの構文は，それ自体が役に立たない構文なのではなく，これを「死んだ日本語」で理解しているから活用できなわけですから，いかに「生きた日本語」で理解するかにかかっているわけです。

4.「最も優れた学生の１人」はおかしいか

英語を学んだとき，one of the most excellent students というような表現を不可思議に思った人もいるのではないでしょうか。そもそも，「最も優れた学生」は「１人」しかいないはずだから，その中から「１人」を選ぶような表現は非論理的だというような声を聞くことがあります。ところが，もともと日本語の「最も」という副詞は「唯一の」という意味を含んでいませんので，いわゆる「トップ集団」に含まれる学生を「最も優れた学生（たち）」と呼んでいいわけです。「最も優れた学生の１人」を不自然に感じるとすれば，日本語に明示的な複数語尾が必須でない

ために「学生」を複数で解釈するように形式的に指示されていないことと,慣習的に「最も」に「唯一の」の意味を読み込んでいることによると思われます。

問題は,むしろ,one of the most excellent students という英語に「最も...なものの一つ（1人）」という日本語で理解しようとすることです。これでは,あまりに不自然で,出てくるたびに厄介な語法と嫌がられてしまうばかりで,英語で自分を表現する力は身につきません。では,同じような言い方は日本語にはないのでしょうか。日本語で言う「有数の」とか「屈指の」という言い方がありますが,これが,one of the most ... に近い関係を表します。というのも,論理的に「トップ集団を複数あげて,その中に含まれる」ことを表しているからです。そうしますと, one of the most excellent students というような英語に「屈指の」という日本語をつけておけば,自然な日本語になるだけでなく,日本語で「屈指の」と浮かんだときにも,one of the best ... や one of the most ... といった日本語が出てくれば,厄介なものから便利な語法に変わることでしょう。

よく英語を日本で理解するとき「(直訳ではなく) 自然な日本語で」と言われるのは,自然な日本語で理解すれば,その日本語を自然な英語で表現することが期待できるからです。

第 6 章

学校国文法の標準化に向けて

学校における国文法と英文法は，成り立ちが大きく異なります。学校国文法は，橋本進吉という国語学者が提唱した「橋本文法」と呼ばれる文法理論を基盤に作られたもので，一方の学校英文法は，英国における20世紀初頭の伝統文法に依拠しています。こうした歴史的な背景においても両者には共通の基盤がなく，それぞれ異なる立場から独自に構築されていますので，同じような概念に異なる用語が与えられていたりします。英語学習と日本語学習が相互に有益であるためには，共通の基盤を設定して再構築することが必要で，現在の各文法体系を残したまま連携することは不可能と思われます。というのも，学校国文法が特殊すぎるからです。そこで，学校国文法を最も象徴的に特徴づける「文節」から取り上げたいと思います。

1. 文節とは何か

　国文法（国語学の伝統的な文法論）には，いわば流派のようなものがいくつかあります。明治以降の国語学の中で，山田孝雄(よしお)，橋本進吉，時枝誠記(ときえだもとき)などの国語学者が独自の文法理論を構築し，それぞれ，山田文法，橋本文法，時枝文法などと呼ばれる理論が知られるようになりました。もちろん，対象としている日本語そのものは同じものですから，山田文法，橋本文法，時枝文法などと呼ばれる理論の違いは，それぞれの国語学者が何を重視して理論を組み立てたかの違いに帰着されます。ただ，その違いは，文法用語の違いや品詞分類の違いにまで及び，結果として，それぞれ

の文法理論は，まるで別物のように歩き出すこととなります。それぞれの文法理論を簡単に説明すると，山田孝雄（1873-1958）の文法理論は，論理主義的で，「統覚」や「陳述」といった論理概念で文の構造を分析するものでした。橋本進吉（1882-1945）の文法研究は，形式を重視した形式主義的なもので，現在の学校文法に受け継がれているのが橋本文法です。時枝誠記（1900-1967）は，心理主義的な立場から「言語過程説」を提唱し，「詞」と「辞」の分類に基づく「入れ子構造」を想定しました。

日本の国語科で採用されたのは橋本文法で，その中心的な概念は，「文節」と言われるものです。では，その「文節」とは何でしょうか。「文節」とは，学校文法において「文を直接構成する基本単位」とされる重要概念で，「自立語一つ」または「自立語と付属語」からなるとされます。文節は，橋本進吉『国語法要説』（1934年）の発案によるもので，いわゆる橋本文法の中核をなす概念です。[1]

現在の学校文法は，基本的に橋本文法を継承したものであり，文節を文の基本単位とする「文節主義」は現在もなお学校文法で重要な概念として位置づけられています。

形式的に見ると，文節は「自立語一つ」または「自立語と付属語」からなるとされます。「自立語」というのは，名詞・形容詞・形容動詞・連体詞・副詞・動詞・接続詞・感動詞の8つの品詞

---

[1] 『国語法要説』は『橋本進吉博士著作集 第2冊 国語法研究』（岩波書店）に再録されています。

をいい,「付属語」は,助詞・助動詞の二つの品詞をいいます。付属語(助詞・助動詞)は,常に自立語の後ろについて用いられ,一つの自立語に二つ以上の付属語がつくことも可能です。その上で,「文節」が「自立語一つ」または「自立語と付属語」からなるということは,文節には次のようなパタンがあることから分かります。

(1) 　自立語
(2) 　自立語　+○
(3) 　自立語　+○+○
(4) 　自立語　+○+○+○

この図で,○を付属語とすると,(1)のように自立語一つでも文節となり,(2)のように自立語の後ろに付属語(○)が一つついたものも文節であり,(3)や(4)のように自立語の後ろに付属語(○)が二つ以上あっても文節になります。具体的な例を挙げれば,次のように示されます。

(5) 　私／は／昨日／友人／と／行き／まし／た

(5)では,「語」ごとに斜線／で分割してあります。(5)に含まれる語の数は8で,そのうち,自立語は四つ,付属語は四つです。付属語のほうから考えると分かりやすいので,付属語から見てみると,付属語,すなわち,助詞と助動詞を探すと,「は」「と」が助詞で,「まし」と「た」が助動詞です。助詞のうち,「は」は副助詞で,「と」は格助詞です。助動詞のうち,「まし」は「ます」の連用形で「丁寧」を表し,「た」は完了の助動詞です。これらの4語以外の「私」「昨日」「友人」「行き」が自立語です。文節は,

定義により「自立語の後ろに付属語がついた状態」ですから，(5) の中にある付属語（助詞・助動詞）を直前の自立語に付着させると，次のような分析が見いだされます。

(6) 私は・昨日・友人と・行きました

この (6) が「文節」に区切られた状態です。助詞の「は」「と」が直前の名詞につけられ，助動詞「まし」「た」が直前の語につけられています。文節は，文の基本単位ということですから，次のように直接的に文を構成する要素となります。

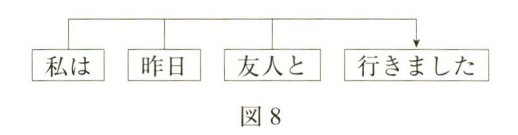

| 私は | 昨日 | 友人と | 行きました |

図 8

この図 8 は，それぞれの文節「私は」「昨日」「友人と」「行きました」が，直接結びついているという関係を示しています。つまり，「私は … 行きました」「昨日 … 行きました」「友人と … 行きました」のように述部「行きました」と直接つなぐことが可能であり，この点で，文節の定義どおり「文を直接構成している」ということができます。[2]

これが文節の実例ですが，学校文法には，文節に加えて「連文節」という概念があります。連文節とは「二つ以上の文節が結合

---

[2] 学校現場では，文節の切れ目を見つけるのに，終助詞の「ね」が入るかどうかで判断するよう指導されています。これほど個人の言語感覚に依存した方法は極めて非科学的・非合理的と言わなければなりません。

して一つの単位になったもの」で、言い換えれば、「二つ以上の自立語が切り離せないときの文節の状態」です。連文節の必要性を示す例として、次の (7) を見てください。(7) は、上述の (6) に下線部を加えたものです。

　　(7)　私は・昨日・友人と・本を・買いに・行きました。

この (7) は、すでに文節に区切られた状態になっています。下線部の「本を」は名詞「本」に助詞「を」がついたもので一つの文節をなし、同じく下線部の「買いに」も動詞「買う」の連用形＋助詞「に」がついたものですから、やはり一つの文節をなします。上述のように、(6) は、文節が文の基本単位になっていることがよく分かる例でしたが、そこに下線部「本を・買いに」を加えると、やや事情が複雑になります。(7) を図式化すると、次の図 9 のようになりますが、この図式には問題があります。

```
┌─────┬─────┬─────┬─────┬─────┬─────┐
│私は │昨日 │友人と│本を │買いに│行きました│
└─────┴─────┴─────┴─────┴─────┴─────┘
```
図 9

この図 9 の中の何が問題かというと、(6) にあった「私は」「昨日」「友人と」は、たしかに述語「行きました」と直接結びついていますが、後から挿入した二つの語のうち「本を」は直接「行きました」とは結びつきません。つまり、直接「本を行きました」というようには結びつかないということです。このケースでは、「本を」は「買いに」と結びついて「本を買いに」という一つのセットを作り、そのセットが「行きました」と結びつくと考えなければなりません。したがって、上の (7) は、次の (8) のよう

に修正されます。

(8) 私は・昨日・友人と・[本を・買いに]・行きました。

このとき「本を・買いに」というセットは「二つの文節が結合して一つの単位になったもの」で、言い換えれば、「二つ以上の自立語が切り離せないときの文節の状態」ですから、これが連文節ということになります。(8)を図式化すると、次の図10のようになります。

| 私は | 昨日 | 友人と | 本を買いに | 行きました |

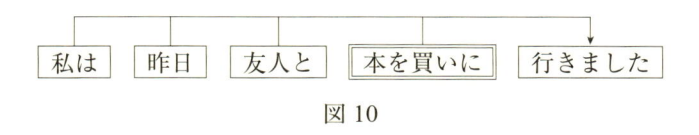

図 10

図10では、二重線で囲った「本を買いに」が連文節です。連文節は文節の欠点を補うために考案された概念ということになっていますが、理論体系として見れば、「文節」は「文を直接構成する基本単位」であったはずなのに、(8)において「本を」が決して「文を直接構成」してないことは明らかですから、現在の理論言語学の研究水準から言えば、連文節という概念が提示された段階で、文節主義（橋本文法の根幹）は破綻したと見るべきでしょう。

さらに言えば、文節は、言語分析上、致命的な欠点があります。それは、しばしば指摘されるように、修飾関係を正確に記述できていないという点です。たとえば、「赤い花が咲いた」というとき、これを文節で切ると、「赤い」「花が」「咲いた」の三つの文節に分解されます。国語科の学校文法では文節こそが基本単位ですから、「赤い」という文節が「花が」という文節を修飾するこ

とになり，そこでできた「赤い花が」という連文節が「咲いた」という述語と結びついて一つの文になると説明されます。ところが，この説明の中で，「赤い」という文節が「花が」という文節を修飾するという記述は明らかに間違っています。というのも，実際，「赤い」が修飾するのは「花」だけのはずで，「花が」という文節全体ではないからです。見方を変えて言えば，「赤い」のは「花」なのであって，「花が」という関係概念が「赤い」わけではありません。現代のどの言語理論でも，「赤い」が「花が」を修飾すると記述するものはありません。このような単純な文構造の解析では，「赤い」という形容詞が「花」という名詞を修飾するというのが記述として最も妥当であることは明らかであるのに，そうした説明が妨げられているところに，文節を基本単位とする現行の学校文法（その文節主義）の誤りが如実に示されています。

このように，文節という概念は，言語分析上の欠陥（誤り）を含んでいるだけでなく，他の言語との互換性がまったくないという点でも，実用性に欠けるものであり，有害と言っても差し支えないと思われますが，今日でも文節は中学校（および高等学校）の現場で指導され続けており，これが，第1章の第6節で見たように「修飾語」や「修飾部」といった文法用語にも影響を与えています。

なお，本書が批判しているのは，文節を文の「基本単位」とする橋本文法（学校文法）の文節主義の考え方であって，付属語を自立語に付着させる処理そのものは決して間違いではありません。こうした処理は，どの言語でも採用されている分析方法であって，実用面においてもワープロの開発で「文節変換」という形で適切に応用されています。問題は，あくまでも文節単位で文

の構造を考える点にあります。

2. 自立語と付属語

　中学校あるいは高等学校で扱う学校国文法で最も大きな問題は，自立語／付属語の区分であり，とりわけ，連体詞と補助動詞の扱いに関わる問題でありましょう。自立語は単独で「文節」を構成することができるものとされ，連体詞は自立語に分類されているため，文を文節に分けるときは連体詞の「その」や「どの」を（被修飾語の）名詞と切り離さなければなりません。

　そもそも，連体詞というのは，① 名詞を修飾することしかできず，② 活用しない，という二つの特徴を満たすものをいいます。典型的なのは「或る」「大きな」「小さな」でしょうか。「或る」は「ある日」「あるとき」「ある人」のように名詞を修飾することしかできませんし，活用（語形の変化）がありません。同様に「大きな」と「小さな」も連体詞で，形容詞ではありません。よく似た形の「大きい」と「小さい」は形容詞で，「大きかろう（未然形）」「大きく（連用形）」「大きけれ（仮定形）」などのように活用しますが，「大きな」と「小さな」が連体詞なのは活用がないからです。[3] このほか，連体詞には「おかしな」「いろんな」「或る」「とある」「あらゆる」「いわゆる」「いかなる」「単なる」「来たる」「明くる」「この」「その」「あの」「どの」「ほんの」「たいした」「だい

---

[3] 歴史的に見ると「大きな」は，かつては活用していました。その連用形が「大きに」で，現代語の大阪方言に名残が見られます。

それた」「たった」「我が」などがあり、いずれも、① 名詞を修飾することしかできず、② 活用しない、という二つの特徴を持っています。

　その上で、連体詞が自立語か付属語かという話になると、学校文法では連体詞は自立語です。実は、このことは大きな問題なのです。連体詞が自立語ということになりますと、自立語は単独で文節をなすということになっていますので、連体詞は単独で文節 (= 文の基本単位) となります。学校文法では、文節が基本単位ですから、文節を単位に考えます。ですから、たとえば「この本」という構造を文節という観点から見るとき、いったん「この」と「本」という二つの文節に分割して、それから再び「この本」という連文節を作り直さなければなりません。最初から「この本」を一つの固まりと扱うことは許されないのです。このため、学校でたとえば、「この本は 100 年前に出版された」という文に対して「文節で切りなさい」という問題が与えられたとき、次の (1a) のように切らなければならず、(1b) のような切り方は間違いになります。

　(1) a.　この・本は・100 年前に・出版された。　　　　　[○]
　　　 b.　この本は・100 年前に・出版された。　　　　　　[×]

学校国文法では、いったん「この」と「本」に分割してから、あらためて「この本」という連文節を作ることになります。あくまで学校文法では文節が基本単位ですから、「この」が自立語である以上、「この本」を一つの固まりと扱うことは許されず、二つの独立した文節として切り離してからでなければ、「この本」という連文節を作ることができないのです。

では、「自立」しているか否かという点からみると、連体詞は自立しているでしょうか。「或る___」「いかなる___」「単なる___」「来たる___」「ほんの___」では、きわめて不安定で、とても自立しているとは言えません。実際、中学生が、後続する名詞から連体詞を切り離せるかと言えば、多くの中学生は「この本」を「この」と「本」に切り離すことができないといいます。「切り離すことができない」という否定的な言い回しは、学校文法の側に立ったときのもので、むしろ、「この」と「本」は「意味的に強く結び付いている」と感じるほうが正常な言語感覚ではないでしょうか。実際、形式上、「この」と「本」の間に読点「，」を入れるのは不自然ですし、音声的にも「この」と「本」の間に休止（ポーズ）を入れるのも不自然で、やはり「この」と「本」は密接に結びついていると考えるのが自然です。それにもかかわらず、学校文法では、連体詞は自立語ですから、あくまで、後続する名詞と切り離さなければなりません。もし、連体詞を付属語ということにすれば、あえて名詞と切り離す必要はありませんから、生徒を無意味に悩ませずに済むだけでなく、英語で this や a（＝不定冠詞）を直後の名詞と切り離さないように読むことに解説を関連づけることが可能になります。連体詞の扱いに困っておられる先生は、言語感覚において正しいわけですから、その感覚のままでいてほしいと思うところです。

では、なぜ、連体詞は自立語ということになっているのでしょうか。それは、学校文法に「文節の冒頭は自立語でなければならない」という規則があるからです。もし連体詞を付属語とすると、たとえば「連体詞＋名詞＋助詞」という構造があったとき、この構造で一つの文節を作ることになりますが、この文節の冒頭

が連体詞という付属語から始まることになります。文節の冒頭が自立語であるためには，連体詞は自立語であってはダメで，付属語でなければならなかったということのようです。では，なぜ「文節の冒頭は自立語でなければならない」のでしょうか。実は，よく分かりません。よく分からないまま，この規則のために，連体詞を自立語と扱うことになっているのが現状です。

　同様の問題は補助動詞にも見られます。繰り返し述べていますように，学校文法で付属語として認められているのは助詞と助動詞だけで，それ以外のものは，すべて自立語として一つの文節を作ることになります。したがって，次のように，動詞「いる」が補助動詞として用いられた場合も，文節に分ける作業では，(2a)のような分割が「正答」とされ，(2b)のような分け方は誤りとされます。

　(2) a.　太郎が・グランドを・走って・いる　　　　　　［○］
　　　b.　太郎が・グランドを・走っている　　　　　　　［×］

つまり，述部の「走っている」は，「走っ」は動詞「走る」の連用形で文節の中核となり，「て」は接続助詞ですから付属語として直前の動詞に付着します。その後ろの「いる」は，学校文法で補助動詞と呼ばれるもので，補助動詞は「動詞の一つ」という理由で自立語に分類されます。したがって，文節に分けるという一次作業で「走っている」の部分は「走って」と「いる」に分割しなければなりません。その上で，あらためて「走っている」という連文節を作るのが学校文法の文節主義で，(2b) のように，はじめから「走っている」を一つの固まりとしてみることは許されません。しかし，実際には，先述の連体詞の時と同じように，多くの

中学生は「走って」と「いる」に切り離すことに抵抗を覚え，なかなか切り離せないというのが実態のようです。

　学校文法で補助動詞を自立語と扱うのは，およそ「動詞という品詞が自立語なのだから，補助動詞として使うときも自立語に変わりない」という発想であろうと思われます。言い換えると，自立語・付属語の設定が品詞ごとに固定されているところに問題があります。同じ品詞でも使われ方によって自立性に違いがあることを認めれば，もっと柔軟に考えることが可能になるわけで，動詞であっても，本動詞として使われるときは自立語であっても，補助動詞として使われるときは付属語と考えるのが自然です。実際，補助動詞は本動詞に対して補助的な働きを担っているからこそ「補助動詞」という名前が付いていることを考えれば，それが自然な発想でしょう。同様に，形容詞も，述語として使われるときは自立語でも，修飾語として使われるときは付属語と考えるほうが自然です。

　ここまでの内容を整理しておきますと，文節についての要点は次の ①〜③ のようになります。

① 自立語一つにつき一つの文節を作る。
② 付属語は直前の自立語にくっつける。一つの自立語に複数の付属語がついてもいい。
③ 二つ以上の文節が文の単位として切り離せない状態にあるとき，連文節とする。

これが学校国文法で中核的概念とされる文節の要諦です。

　同時に，前節での議論を含めて，次の(ア)〜(ウ)のような問題を抱えています。

(ア) 文節は,修飾関係を正しく反映しない。
(イ) 連体詞は,統語的・意味的・音声的に自立していないにもかかわらず,自立語と規定されているため,分割すべきでないところで文節を作らなければならない。このことは,学習者(生徒)の言語感覚に悪影響を及ぼすおそれがある。
(ウ) 動詞は,補助動詞として使われるときも自立語と扱われるため,連体詞と同じ問題を生じさせている。

こうした問題を解決するためには,文節が必ずしも「文の基本単位」ではないことを認めるとともに,品詞ごとに自立語／付属語を固定せず,使われ方によって扱いを変えるという発想が必要です。そうでなければ,学習者(生徒)の言語感覚を悪い方向に導くことになるからです。

3. 学校国文法には「目的語」がない?

一般に,言語研究で,文の要素と言えば「主語」「動詞」「目的語」の三つが挙げられます。これらは,基本語順の要素としても用いられ,第1章で見たように,英語はSVO型といわれ,日本語はSOV型といわれます。

学校英文法でも,基本的に「主語」「述語」「目的語」に「補語」を加えて,5文型と呼ばれるパタンが整理されています。学校英文法では「主語」「述語」「目的語」「補語」以外のものを,一括して「その他の要素」といいます。5文型の中で,英語で最も典型的と言われる第3文型SVOは,次のように表すことができます。

(1) 　|主語| ＋ |述語| ＋ |目的語| ＋ |その他の要素|

この中で，太く囲った部分が，学校英文法の主要要素です。

　一方，日本語の学校国文法では，文の成文として「主語」「述語」「修飾語」の三つしかありません。

(2) 　|主語| ＋ |修飾語| ＋ |修飾語| ＋ |述語|

この中で，主語と述語を太い線で囲みました。一番右（文の末尾）に来るのが述語で，その述語に対応するのが主語ということになります。それ以外の要素は，すべて「修飾語」として扱われます。この (2) のパタンに，具体的な語句を入れてみたのが，次の (3) です。

(3) 　|先生が| ＋ |子どもに| ＋ |算数を| ＋ |教える|

上の (2) と同じように太い線で囲った「先生」が主語で，一番右（文の末尾）の「教える」が述語（述部）になります。それ以外の「子どもに」と「算数」は，一括して「修飾語」として扱われます。このように「主語」と「述語」と「修飾語」の三つしかないということは，文の要素のうち「主語」と「述語」以外のものは，すべて「修飾語」として一括りにしているといえます。逆にいうと，英語のように「目的語」や「補語」というものは設定されておらず，まして「直接目的語」も「間接目的語」もなく，すべて「修飾語」とされてしまっています。これは，英語と比べて考えるとき，都合が悪く，やや乱暴と言わざるを得ません。

　さて，主語と述語のうち，分かりやすいのは，述語のほうでしょう。学校国文法でも，述語が文全体を統括しますが，英語の

述語と大きく違うのは，① 英語では主語の次に述語が来るのに，日本語では文末に述語が来ることと，② 英語では動詞だけが述語になるのに，日本語では動詞のほか形容詞と形容動詞も述語になるという2点です。日本語では，形容詞や形容動詞が述語になるということを忘れがちです。日本語では，文の最後に述語が来ますので，文の最後にあるのが述語だということで，述語を見つけるのは難しくはないでしょうし，実際，中学生でも述語を見つけ出せない人はいないそうです。述語が分かれば，次に，述語に対応する主語を見つけます。学校国文法の主語は，第3章の第3節で詳しく説明しました。その要点は，次のとおりでした。

① 原則として格助詞「が」のついたものが主語
② 「は」や「も」に入れ替わっていても，「が」に還元されれば主語と扱う

主語と述語以外のものは，すべて「修飾語」です。修飾語は，二つに下位区分されていて，「連用修飾語」と「連体修飾語」に分けられます。連用修飾語は，用言（動詞・形容詞・形容動詞）を修飾するもので，(3)の「子どもに」「算数を」のような〈名詞＋格助詞〉も動詞「教える」にかかりますから連用修飾語ですし，ほかに，形容詞・形容動詞の連用形や，副詞も用言を修飾しますから連用修飾語です。「連体修飾語」は，体言（名詞）を修飾するもので，形容詞・形容動詞の連体形のほか，連体詞も体言（名詞）を修飾しますから連体修飾語です。

それはそうとして，学校国文法（学校文法）では「主語」という概念（用語）はあるものの，「目的語」という概念（用語）が設定されていません。このことは，日本語に「目的語」がないという

ことを意味するわけではありません。日本語に「目的語」に該当するものを探せば見つけることはできるはずですし、日本語学の研究者は、日本語に「目的語」というものを認めて、日本語の分析に使用しているというのが実際のところです。ただ、あくまで学校文法という枠組み（流儀）の中では「目的語」を設定していないというだけのことで、この扱いを変更して、日本語に目的語を設定することも可能であります。そのとき重要なのは、学校文法で、日本語にも「目的語」を設定するかどうかは、「どちらでもいい（あってもなくてもいい）」という軽い問題ではなく、「目的語を設定することに意味があるか」ということが問題になるという点です。私個人としては、学校文法にも「目的語」という用語を導入するほうがいいと考えています。その理由は、大きく二つあります。一つは、学校英文法で「目的語」という用語が使われますので、むしろ英語で「主語」や「目的語」という用語を学ぶ前に、日本語で「主語」や「目的語」という用語（概念）を導入することで、英語という外国語を学ぶ予備的な学習になるという点です。もう一つの理由は、日本語の語法を理解するのに、「目的語」という用語があると便利という点です。どういうときに「目的語」という用語が便利かというと、二つのケースが挙げられます。

　第一のケースは、複合名詞の意味を解釈するときです。複合名詞というのは、二つの語が結びついて全体として一つの名詞になるもので、結びつく二つの語のうち前につく語を「第1要素」といい、後ろにつく語を「第2要素」といいます。たとえば、「受験勉強」という語は「受験」と「勉強」という二つの語が結びついて一つの語になったもので、全体としては名詞ですから「複合

名詞」ということになります。このとき「受験」が第1要素で，「勉強」が第2要素です。ここで取り上げるのは，複合名詞のうち，第2要素に，動詞から名詞になったものを含む場合で，たとえば「雨降り」や「キツネ狩り」のようなものをいいます。「雨降り」や「キツネ狩り」の第2要素にある「降り」や「狩り」は，それぞれ「降る」や「狩る」という動詞が起源になっていますから，「雨降り」や「キツネ狩り」は，いずれも第2要素に動詞を含む複合名詞ということになります。先に挙げた「受験勉強」という複合名詞も，第2要素の「勉強」は，「勉強する」という動詞としても使いますから，第2要素に動詞を含む複合名詞です。

　その上で，複合名詞のうち，第2要素が動詞起源の名詞であるとき，第1要素に来るものには，(ア)主語，(イ)目的語，(ウ)連用修飾語の3パタンがあることが知られています。(ア)～(ウ)は，第2要素に来る動詞の種類によって傾向があります。次の例を見てください。

(4)　　雨降り　　山崩れ　　腕利き　　火災発生　　学級崩壊
(5)　　草刈り　　金貸し　　爪切り　　風呂炊き　　芸能人目撃情報
(6)　　上書き　　横書き　　先貸し　　丸刈り　　五分刈り

(4)は，第2要素が自動詞の場合で，第1要素には動詞の「主語」が来ています。「雨降り」では「雨」は「降る」という動詞の主語ですし，「山崩れ」の「山」も「崩れる」という動詞の主語にあたります。(5)は，第2要素が他動詞の場合で，第1要素には，主語ではなく，目的語が来ます。「草刈り」に第2要素として含まれる「刈り」は，もともと「刈る」という他動詞で，第1要素の「草」は「刈る」という他動詞の目的語にあたります。同様に，

「芸能人目撃」というとき,「目撃」は「目撃する」という他動詞で,「芸能人」は「目撃する」という他動詞の目的語であって,主語ではありません。言い換えると,「芸能人目撃情報」というのは,「(だれかが) 芸能人を目撃した情報であって,「芸能人が (だれかを) 目撃した情報」ではないと理解する必要があるということです。(6) は,第 1 要素が主語でも目的語でもなく,連用修飾語になる場合です。たとえば,「上書き」というのは「上に書くこと」あるいは「上から書くこと」ですから,「上」は「書く」という動詞の主語でも目的語でもありません。

このことを一般化すると,動詞起源の名詞を第 2 要素に含む複合名詞では,第 1 要素の解釈について次のように整理できます。

> 動詞起源の名詞を第 2 要素に持つ複合名詞では,
> 第 2 要素が自動詞のとき第 1 要素は主語と解釈され,
> 第 2 要素が他動詞のとき第 1 要素は,優先的に目的語と解釈される。

この傾向を使うと,たとえば,新聞の見出しに「暴力団員殺害事件」とあったなら,その事件で「暴力団員」は,「殺害」という動詞の主語 (殺害した人) ではなく,目的語 (殺害された人) であると理解しなければなりません。その理由を説明するのに「他動詞を第 2 要素とする複合名詞では第 1 要素 (= 「暴力団員」) を目的語と解釈する」という上述の一般化を使うわけですが,その際,やはり「目的語」という用語があったほうが便利ではないでしょう

か。このことが，学校文法でも「目的語」という用語を設定したほうがよいと思われる第一のケースです。[4]

第二ケースは，「数量詞遊離」といわれる現象です。数量詞遊離というのは，数量を表す語句（＝数量詞）が修飾語として名詞を修飾しているとき，修飾語としての数量詞が名詞から離れて，名詞より後ろ（右方）に移動する現象をいいます。簡単な例を挙げると，次のペアで，(7a) から (7b) に変わる現象をいいます。

(7) a. 3人の警察官が来た
 b. 警察官が3人来た

(7a) のように「3人の警察官が来た」というとき，「3人の」というのが数量詞で「警察官」という名詞を修飾していますが，(7b) のように「3人の」という数量詞が「警察官」から離れて「警察官」の後ろに移動すると「警察官が3人来た」という形になります。これが数量詞遊離です。

同様のことは，次の (8) にも言えます。

(8) a. 台風で100戸の家が停電になった。
 b. 台風で家が100戸停電になった。

---

[4] 第2要素が他動詞でありながら，第1要素が主語になる例は，まったくないというわけではなく，例外的にいくつか見られます。たとえば，「虫食い」という複合名詞で，第2要素の「食い」は「食う」という他動詞から来ていますが，全体として「虫（＝主語）が食った様子」であって，「虫（＝目的語）を食った様子」ではありませんから，第1要素は意味上の主語ということになります。

(8a) の中にある「100戸の家」の数量詞「100戸」が「家」から遊離して，後ろに移動したものが (8b) です。(7) でも (8) でも，数量詞が遊離する前の (7a) や (8a) の状態で，数量詞が修飾していたのは主語でしたが，主語以外のものからでも数量詞遊離は起こります。次の (9) と (10) では，それぞれ，(9a) から数量詞遊離が起こったのが (9b) で，(10a) から数量詞遊離が起こったのが (10b) です。

(9) a.　東京駅で太郎は3人の芸能人を見た。
　　b.　東京駅で太郎は芸能人を3人見た。
(10) a.　昨夜，父は3軒の飲み屋に行った。
　　b.　昨夜，父は飲み屋に3軒行った。

(9b) で下線部の「3人」という数量詞は「芸能人（を）」という目的語から遊離していますし，(10b) で「3軒」という数量詞が遊離したのは「飲み屋（に）」という部分で，主語でも目的語でもない語から遊離しています。

では，数量詞が遊離したとき，数量詞が修飾する候補が一つの文の中に複数あるとき，どのように解釈すればいいでしょうか。具体的に，次の (11) の例では「見る」という他動詞が述語になっていて，「3人」という数量詞が遊離していますが，この「3人」は，「子どもたち」の人数でしょうか，「芸能人」の人数でしょうか。

(11) a.　東京駅で子どもたちは芸能人を3人見た。
　　b.　東京駅で子どもたちは3人芸能人を見た。

この例で「3人」という数量詞は，「子どもたち」の人数ではな

く,「芸能人」の人数と解釈されます。この解釈は,(11a)のように「3人」という数量詞が「芸能人」の直後にあるときはもちろん,(11b)のように「子どもたち」の近くに置いた場合でさえ,やはり「3人」=「芸能人」という関係は変わりません。つまり,他動詞文で数量詞が遊離したときは,主語ではなく目的語の数量を示していると解釈する必要があるわけです。

このことを一般化すると,数量詞が遊離したとき,その数量詞が何を指しているかについては次のように整理できます。

> 数量詞遊離の解釈は,自動詞文では主語,他動詞文では目的語が優先される。

この説明にあたって,やはり「目的語」という用語は,設定しておいたほうが有効ではないでしょうか。

この傾向を強く示す例として,次の(12)では,遊離した数量詞「2人」の位置が異なりますが,いずれの場合も,「2人」は「子どもたち」の人数ではなく,「家庭教師」の人数と解釈されます。

(12) a.　山田さんは家庭教師を2人子どもたちにつけた。
　　　b.　山田さんは家庭教師を子どもたちに2人つけた。

(12a)では「2人」が「家庭教師」の直後にあり,数量詞遊離が起こったときの標準的な位置ですから,「2人」の「家庭教師」と解釈されるのはもちろんですが,(12b)のように「2人」が「家庭教師」から離れて,遠く「子どもたち」の後ろに置かれた場合でも,やはり「2人」は「家庭教師」の人数と解釈されます。

(12)の現象は，他動詞文において遊離した数量詞は（ヲ格の）目的語と結びつくという一般的性質を表しています。このように，他動詞文の数量詞遊離において，その数量詞が何を修飾するかを説明するとき「目的語」という概念（用語）は有効なわけです。

以上，学校国文法に目的語という用語を導入する意味があるかどうかを考えるにあたり，英語の学習で使う概念（用語）を日本語でも並行的に学習していくほうがいい理由のほかに，目的語という用語を導入することで説明が可能になる現象として，〈複合名詞の解釈〉と〈数量詞遊離の解釈〉という二つの現象を挙げました。

4. 日本語の構文

英語では，「構文」という用語が用いられます。「受動構文」「使役構文」「比較構文」などのほか，俗に「クジラの構文」と言われるものも知られています。「構文」というのは，一定の型として定着した慣習的な語法のことで，いわば「固有の意味を持つパタン（型）」です。構文という考え方が重要なのは，その構文の型に当てはまるならば，どのような動詞が用いられても一定の意味を表すという特徴があるからです。たとえば，受動構文というのは，〈be 動詞＋過去分詞＋by ...〉というパタンをとりますが，このパタンに当てはまれば，どのような動詞であっても「...に〜される」という一定の意味を持ちます。たとえば，次の (1) の例では，(1a) と (1b) で異なる動詞が用いられているものの，(1a) の caught も (1b) の called も過去分詞になっていて，全体として〈be 動詞＋過去分詞〉の形になっています。

(1) a. The suspect was caught by a policeman.
　　　（容疑者は警官に確保された）
　　b. Galileo is sometimes called the father of astronomy.
　　　（ガリレオは天文学の父と呼ばれることがある）

(1a) が「逮捕される」という意味になるのは，全体として〈be 動詞＋過去分詞＋by ...〉という受動構文のパタンが適用されているためです。(1b) では，is と called の間に sometimes という副詞が挿入されていますが，〈be 動詞＋過去分詞〉というパタンが守られている限り，「〜される」という意味を表すというのが構文の力です。構文は，文の中で離れたところにある文成分と実は繋がっているという特徴があります。ただ，(1b) には，by ...（誰々によって）の部分がありません。このことは，構文の中で，絶対重要な部分とそうでない部分があるということを表しており，受動構文で言えば〈be 動詞＋過去分詞〉の部分は絶対重要なのに対し，〈by ...〉の部分は不可欠ではないということになります。

同様に，比較構文では，基本的に〈比較級＋than〉のパタンをもちます。

(2) a. Mary is taller than her mother.
　　　（メアリーは母親より背が高い）
　　b. John runs faster than his father.
　　　（ジョンは父親より速く走る）
　　c. They say Japanese is a more difficult language to learn than Chinese.

（日本語は中国語より学ぶのに難しいという人もいる）

比較級になるのは形容詞と副詞ですが，(2a) のような形容詞 tall でも，(2b) のような副詞 fast でも，比較構文のパタンに入れば一定の意味を担い，また，(2c) のように more difficult という形の後ろに被修飾語 language や不定詞句 to learn が入り，比較級と than が分離されていても，全体として〈比較級＋than〉のパタンをもつ限り，「〜より」という比較構文に固有の意味を表すことができます。これが構文の力です。

　では，日本語に「構文」と言えるものはあるでしょうか。あるいは，国語科の授業で「構文」と名の付いたものを習った覚えはありますでしょうか。国語科で扱う現象の中で，かろうじて構文に近いものを挙げるとすれば，「呼応」と呼ばれる現象でしょうか。呼応というのは「文中で，ある語句に対して特定の決まった語句が使われること」で，分かりやすい例として「決して」とあれば，同じ文の中に「ない」のような否定語が来なければなりませんし，「もし」とあれば，その後方に「ならば」や「ければ」などのような仮定表現が来なければなりません。このほか，現代日本語では打ち消し（否定）と呼応する副詞に「必ずしも」「断じて」「ゆめゆめ」などがありますし，古代日本語では，「つゆ〜打ち消し（少シモ〜ナイ）」が強い否定を表したり，「え〜打ち消し（〜デキナイ）」が不可能を表したりするほか，禁止を表す「な〜そ（〜シナイデクレ）」や希望を表す「いかで〜希望・意志（ナントカシテ〜シタイ）」のような呼応現象が見られます。次の (3) は，不可能を表す〈「え」＋打ち消し〉構文の例で，(4) は禁止を表す〈「な」＋動詞＋「そ」〉構文の例です。

(3) a.　しばしばえまうでず。(頻繁に伺うことはできない)
　　b.　こよひはえ参るまじ。(今夜は帰れそうにありません)
(4) a.　月な見給ひそ (月をご覧になさいますな)
　　b.　春な忘るそ (春を忘れないでくれよ)

(3)では〈「え」+打ち消し〉の中に入れば，どのような動詞であろうと「〜できない」の意味を担うことが分かります。言い換えると，「え〜打ち消し」というパタンが一つの意味を持つということです。同様に，(4)のように〈「な」+動詞+「そ」〉の中に入れば，どのような動詞であっても禁止を表します。

　国語科で「構文」として扱うべきものは，呼応のほかにもあります。正確には，一般に「構文」として扱われていないものですが，あえて「構文として扱うべきもの」と思われるのは，敬語表現（尊敬語と謙譲語）です。尊敬語は，言うまでもなく，主語を高める敬語で，謙譲語は目的語を高める敬語です。尊敬語と謙譲語を，もう少し分かりやすく説明すると，いま，2人の人がいて，1人は何かを〈する人〉で，もう1人は〈される人〉とします。文法的に言うと，〈する人〉は主語と呼ばれるもので，〈される人〉は目的語にあたります。このとき，〈する人〉を高めるのが尊敬語で，〈される人〉を高めるのが謙譲語です。[5]

　そこで，敬語表現のうち，動詞の尊敬語は「お〜になる／ご〜になる」の形が基本であり，多くの動詞は，この規則によって尊

---

[5] p. 46の脚注6で触れた「敬語の指針」による新しい5分類によると，謙譲語のうち，〈される人〉を高める謙譲語が謙譲語①で，〈する人〉を低める謙譲語が謙譲語②になります。

敬語の形が作られます。

> (5) 尊敬語〈お〜になる〉または〈ご〜になる〉

(5) が示す尊敬語のパタンでは,「〜」の部分に動詞の一部が入りますが,和語の動詞であれば連用形が入り,漢語の動詞であれば語幹が入ります。また,「お」と「ご」は原則として和語か漢語で使い分けられ,動詞が和語のときは「お」を使い,漢語のときは「ご」を使うことになっていますが,例外も少なくありませんので,実際には自分で判断しなければならないこととなります。[6] 次の (6) は,「待つ」と「説明する」を尊敬語にした例です。

(6) a. 先生が校長をお待ちになる
  b. 先生が校長にご説明になる

(6a) の「待つ」という動詞は和語ですから,〈お〜になる〉の中の「〜」に連用形の「待ち」を入れることで,「お待ちになる」という形になります。これが「待つ」の尊敬語です。(6b) の「説明する」は,漢語ですから〈ご〜になる〉の中の「〜」に語幹「説明」を入れることで,「ご説明になる」という形になります。これが「説明する」の尊敬語です。

　一方の謙譲語は次の二つのパタンが使われます。

---

[6] 尊敬語には,(5) に挙げた「お／ご〜になる」のほかに,「お／ご〜なさる」「〜なさる」「〜(ら)れる」のようなパタンもあります。

> (7) 謙譲語 「お〜する」または「ご〜する」
>   「お〜申し上げる」または「ご〜申し上げる」

謙譲語の場合は，(7) のように「お〜する」「ご〜する」と「お〜申し上げる」「ご〜申し上げる」の 2 とおりのパタンがあります。「〜」の部分には，動詞の一部が入りますが，和語の動詞であれば連用形が入り，漢語の動詞であれば語幹が入ります。また，「お」と「ご」については，原則として動詞が和語のときは「お」を使い，漢語のときは「ご」を使うことになっています。次の (8) は，「待つ」と「説明する」を謙譲語にした例です。

(8) a. 先生が校長を<u>お待ちする</u>
   b. 先生が校長に<u>ご説明する</u>

(8a) の「待つ」は，和語ですから，その連用形を (7) に代入すると「お待ちする」という形になります。あるいは「お待ち申し上げる」といえば，もっと敬意が高くなります。(8b) の「説明する」は漢語ですから，語幹の「説明」を (7) に代入すると「ご説明する」という形になります。あるいは，敬意を高めれば「ご説明申し上げる」を使います。いずれも「説明する」の謙譲語です。

このとき重要なのは，尊敬語の「お待ちになる」は，決して「お待ち」+「になる」ではないという点です。同様に，謙譲語の「お待ちする」も，「お待ち」+「する」ではありません。謙譲語で言えば，あくまで「お〜する」や「ご〜する」というパタンが一つの意味を持った構文であり，その中に動詞が挿入されたもの

として考える必要があります。なぜならば,「お待ち」というのは,尊敬の意味にも謙譲の意味にもなるもので,その後ろの「する」自体には敬語の意味はなく,単に「お待ち」と「する」を足しただけで謙譲の意味は出てこないからです。逆に言うと,最初から「お〜する」や「ご〜する」というパタンに〈謙譲〉という固有の意味があると考えなければならず,これが構文という考え方です。そして,こういう発想を妨げているのが,文節中心主義なのです。[7]

5. 日本語教育における動詞の活用形

国語教育とよく似た名前のものに日本語教育という教育分野があります。国語教育は「日本の学校で自国語としての日本語に関する読解や表現を教える」分野であり,日本語が分かるということを前提にします。これに対し,日本語教育は,「日本語を母語としない人に,第2言語(=外国語)として日本語を教える」分野です。日本語教育では,実用性が重視されますので,動詞の活用についても「次の語への続き方」という観点から,学校国文法とは違うスタイルで教えられています。実際,日本語教育では,「未然・連用・終止・連体・仮定・命令」という活用形では教えません。日本語教育で教える活用は次のようなものです。

---

[7] 私の知る範囲で言うならば,中村幸弘・碁石雅利 (2000) は,古典における「構文」を積極的に取り上げた数少ない解説書のように思われます。

① 基本形　　学校文法の終止形
② 中立形　　学校文法の連用形（連用中止法の形）
③ マス形　　学校文法の連用形＋マス
④ テ形　　　学校文法の連用形（音便があれば音便化）＋テ
⑤ ナイ形　　学校文法の未然形＋ナイ
⑥ バ形　　　学校文法の仮定形＋バ
⑦ タ形　　　学校文法の連用形（音便があれば音便化）＋タ

学校国文法の活用で〈未然→連用→終止→連体→仮定→命令〉の順になっているのは，5段活用（4段活用）で〈ア段→イ段→ウ段→エ段〉として現れる順番に沿ったためですが，日本語教育で「基本形」が一番初めに来るのは，辞書に載っている形だからです。日本語文法に連体形がないのは基本形（終止形）と同じだからです。

　上の ① から ⑦ に，サンプルとして「話す」と「買う」という動詞を入れてみると，次のような活用になります。

① 基本形　　話す　　　買う
② 中立形　　話し　　　買い
③ マス形　　話します　買います
④ テ形　　　話して　　買って
⑤ ナイ形　　話さない　買わない
⑥ バ形　　　話せば　　買えば
⑦ タ形　　　話した　　買った

このうち，④ テ形は，学校文法の連用形ですが，音便があれば音便化したものになりますので，「話す」は「話して」ですが，

「買う」は「買って」になります。同様に，⑦ タ形も，音便があれば音便化したものになりますので「買う」は「買った」になります。

これらの形を学ぶと，次の段階では，⑧ タリ形（話したり），⑨ タラ形（話したら），⑩ 命令形（話せ），⑪ 意志形（話そう），⑫ 受身形（話される），⑬ 使役形（話させる），⑭ 可能形（話せる）のような形を学びます。

学校国文法と日本語教育文法を比べてみたとき，それぞれに目的がありますので，どちらが優れているかという問題ではありませんが，どちらかと言うと，日本語教育文法のほうが汎用性が高いように見受けられます。中学校の学校国文法で「未然・連用・終止・連体・仮定・命令」という活用形が設定されているのは，高等学校で古文を読解するための導入的措置ということになっていますが，日本語教育用の活用形でも，国文法で扱う現象に対応することは可能です。たとえば，「そうだ」という助動詞は，前接する用言（動詞・形容詞・形容動詞）の活用形によって意味が異なります。

(1) a. 雨が降るそうだ。
    b. 雨が降りそうだ。

(1)では助動詞「そうだ」が「降る」という動詞に接続していますが，(1a)のように終止形「降る」に接続するときは〈伝聞〉の意味になり，(1b)のように連体形「降り」に接続するときは〈推定〉の意味になります。このとき，終止形とか連体形というのは国文法に固有の用語ですが，日本語教育用の〈基本形〉や〈中立形〉という用語であっても，(1a)や(1b)の差異を説明すること

は可能です。

　本書は，決して伝統的な国文法の活用体系を否定するものではありませんが，日本語教育のような考え方があることに視野を広げることは意味があると思われます。

おわりに

　英語（外国語）を学ぶことのメリットとして，「英語を学ぶことで日本語が見えるようになる」などといわれますが，英語を通して日本語を知るには，英語の教員に日本語に関する知識がなければなりません。本書は，英語と日本語を相対化し両者を複眼的に理解できるよう，特に次の点を念頭に執筆しました。

- 英語の授業で文法を指導するとき，関連する日本語文法の要点を英語の先生方に提供すること。
- 学校英文法と関連する日本語文法の要点を補足的に指導することで，英語と日本語（国語）に関する生徒の相対的な視野と理解を育むこと。
- 英語と国語の異同を理解することで，日本語の発想から英語を表現するときに気をつけるべき指針を生徒に示すこと。

本書を通して主張したかったのは，英語を学ぶのに国語の知識を連携させることが，英語の学習にとって有益なだけでなく，日本語の理解を深めることにとっても有益であるということです。両者が連携するためには，英語科の授業でも国語（日本語）に関する知識を活用することが望まれますが，とりわけ，国語科の教育課程を設計するのに英語を学ぶときのことを考慮する必要があります。本書は，国語科の先生方に，国語（日本語）と連携させる形で英語に関する知識を得ていただくことも意図しています。た

だ,残念なことに,現状では,国語科が英語科との連携に向かうことは期待できません。むしろ,反対方向に向かって進んでいるように見えてなりません (cf. 渋谷孝 (2008))。日本語学研究者の方々には,是非とも,国語科教育の中で何が起こっているかを知っていただきたく思います。

なお,本書の記述には,財団法人博報児童教育振興会2009年度第4回〈ことばと教育〉研究助成事業「英語教員のための日本語文法のメタ知識」(助成番号09-B-004)による成果の一部と,平成17-20年度科学研究費補助金一般研究 (C)「国語科の文法教育と英語科の文法教育の連携に向けての基礎的研究」(課題番号:175306573631) による森山卓郎(編) (2009) の研究成果の一部,ならびに平成24-26年度科学研究費補助金一般研究 (C)「国語科と英語科の連携による教員と学習者のための教科内容高度化プログラム開発」(課題番号:24531123,研究代表者 菅井三実)の研究成果の一部が含まれます。

参 考 文 献

安藤貞雄 (1983)『英語教師の文法研究』大修館書店, 東京.
安藤貞雄 (2005)『現代英文法講義』開拓社, 東京.
安西徹雄 (1983)『英語の発想——翻訳の現場から』講談社, 東京.
江口泰生 (1991)「形態音韻論的観点からみた——アウ型動詞」『鹿児島大学教育学部研究紀要　人文・社会科学編』第 42 巻, 167-182.
藤井貞和 (2010)『日本語と時間』岩波書店, 東京.
Greenberg, J. H. (1963) "Some Universals of Grammar with Particular Reference to the Order of Meaningful Elements," *Universals of Language*, Vol. 2, 73-113, MIT Press, Cambridge, MA.
橋本進吉 (1950)『橋本進吉博士著作集　第 4 冊　国語音韻の研究』岩波書店, 東京.
早津恵美子 (2004)「使役表現」『朝倉日本語講座 6　文法 2』, 尾上圭介(編), 朝倉書店, 東京.
早瀬尚子 (2002)『英語構文のカテゴリー形成——認知言語学の視点から』勁草書房, 東京.
神保五彌ほか(校注) (1971)『日本古典文学全集 37　仮名草子集・浮世草子集』小学館, 東京.
菊地康人 (2010)『敬語再入門』講談社, 東京.
小林賢次・梅林博人 (2005)『日本語史探究法』朝倉書店, 東京.
近藤泰弘・月本雅幸・杉浦克己 (2005)『日本語の歴史』放送大学教育振興会, 東京.
久野　暲 (1973)『日本文法研究』大修館書店, 東京.
森田良行 (2002)『日本語文法の発想』ひつじ書房, 東京.
森山卓郎(編) (2009)『国語からはじめる外国語活動』慶應義塾大学出版会, 東京.

中村幸弘・碁石雅利 (2000)『古典語の構文』おうふう, 東京.
中尾俊夫 (1985)『音韻史』(英語学大系11), 大修館書店, 東京.
尾上圭介 (2003)「主語と述語をめぐる文法」『朝倉日本語講座　文法』, 尾上圭介(編), 1-57, 朝倉書店, 東京.
Palmer, F. R. (1994) *Grammatical Roles and Relations*, Cambridge University Press, Cambridge.
定延利之 (2000)『認知言語論』大修館書店, 東京.
定延利之 (2006)『日本語不思議図鑑』大修館書店, 東京.
渋谷　孝 (2008)『国語科教育はなぜ言葉の教育になり切れなかったのか』明治図書出版, 東京.
島田昌彦 (1973)「国語における形容詞」『国語と国文学』第50巻・第8号, 47-69.
Shimizu, M. (1975) "Relational Grammar and Promotion Rules in Japanese," *CLS* 11, 529-535.
Taylor, J. R. (2003) *Linguistic Categorization*, 3rd ed., Oxford University Press, Oxford. [辻幸夫・鍋島弘治朗・篠原俊吾・菅井三実(共訳) (2008)『認知言語学のための14章』(第3版), 紀伊國屋書店, 東京.]
寺村秀夫 (1992)『寺村秀夫論文集 I——日本語文法編——』くろしお出版, 東京.
時枝誠記 (1950)『日本文法　口語篇』岩波書店, 東京.
外山映次 (1972)「近代の音韻」『講座国語史2　音韻史・文字史』, 中田祝夫(編), 173-268, 大修館書店, 東京.
外山滋比古 (1987)『日本語の論理』中央公論社, 東京.
角田太作 (2009)『世界の言語と日本語——言語類型論から見た日本』くろしお出版, 東京.
Vendler, Z. (1967) "Verbs and Times," *Linguistics in Philosophy*, 97-121, Cornell University Press, Ithaca, NY.
山口佳紀 (1971)「形容動詞」『日本文法大辞典』, 松村明(編), 201-204, 明治書院, 東京.
山本秀樹 (2003)『世界諸言語の地理的・系統的語順分布とその変遷』溪水社, 広島.

安武知子 (2009)『コミュニケーションの英語学──話し手と聞き手の談話の世界』開拓社,東京.
吉田智行 (1997)『日本語は世界一むずかしいことば？ 日本語と世界の言語』アリス館,東京.
渡辺　実 (1997)『日本語史要説』岩波書店,東京.
渡辺　実 (2001)『国語文法論 [18 版]』笠間書院,東京.

索　引

1. 日本語は五十音順に並べている。英語（で始まるもの）は日本語読みにして入れている。
2. 数字はページ数を示す。

[あ行]

「行く」　43, 44, 46, 121-125
イタリア語　5, 6, 85
一致（agreement）　84-86
意味の下落　97
意味の向上　97
内の関係　77-79
SOV 型　7-14
SVO 型　7-14
「大きい」　17, 18, 59
「大きな」　17, 18, 169
「おとなし」　75
音節　93, 94, 97, 98

[か行]

介詞　129
格助詞　12, 13, 15, 31, 63, 80, 89, 90, 97, 125-130, 132-134, 142, 143, 149, 164, 176
鹿児島方言　124, 125
過去分詞　23, 42, 63, 65, 183, 184
活動動詞　35, 38-40
活用　18, 22-24, 26, 41, 43, 51, 58, 59, 76, 85, 117, 118, 158, 169, 170, 189-192
活用の種類　47, 117, 118
仮定法　26, 106-108
仮名草子　114-116
関係節　13, 27, 79, 98, 99
関西方言　112
間接受動文　62, 64-66
間投詞（英語）　15, 16
感動詞（日本語）　14-16
完了（相）　52-57, 60, 112, 164
基数詞　137, 138, 140, 141
規則動詞　41, 42, 48, 49
機能語　129, 130, 144
基本語順　6-14, 174
疑問文　6, 9, 10
強変化動詞　48
近接未来　37, 38
ク活用　50, 51, 118
クジラの構文　156-158, 183
「来る」　36, 37, 43, 47, 121-125
群馬方言　112

経験(相)　40, 41
継続(相)　34, 38, 40, 41
系統不明の言語(孤立した言語)　6
形容詞　8, 14-27, 34, 38, 50, 51, 56, 58, 72-76, 80-82, 118, 121, 129, 146, 147, 149, 150, 163, 168, 169, 173, 176, 185, 191
形容詞節　13, 26, 27, 76
形容詞的　26
結果状態(相)　34, 36-38, 40
言語の数　3, 4
現在分詞　128
源氏物語　49, 114-116
謙譲語　43-48, 50, 186-188
現代日本語　54, 74, 76, 114-118, 121
限定用法　80-82
語(word)　28
合科　v
口語文法　117, 118
後置詞　12-14, 125, 126, 129
構文　62, 66, 67, 156-158, 183-186, 188, 189
古英語　85, 115, 119
呼応　185, 186
古語的表現　120, 121
語族　4-6
古典語(古代日本語)　vi, 47, 50, 51, 53-55, 74, 75, 106, 108, 109, 111, 118, 121, 142, 185

[さ行]

三数　141
シェイクスピア　115, 116
(英語の)使役　66-69
(日本語の)使役　66, 69, 71
シク活用　50, 51, 118
自称詞　96, 102
時制　22-24, 52, 53, 55, 57, 106, 107
(英語の)時代区分　119
(日本語の)時代区分　119
弱変化動詞　48
習慣(相)　40, 41
修飾　13, 18, 20-27, 76, 80, 82, 98, 121, 167-170, 176, 180, 181, 183
修飾語　27, 168, 173, 175, 176, 180
修飾部　26, 27, 77, 168
従属節　151-154
従属接続詞　130-132
主語　3, 6-8, 10, 11, 63, 64, 66, 68, 69, 78, 84-92, 99, 100, 102, 126, 127, 131, 150, 174-182, 186
主体の「が」　87, 90, 127
述語　3, 7, 8, 10-13, 19, 20, 56, 57, 61, 63, 76, 78, 84, 86-88, 91, 107, 131, 147, 148, 150, 166, 168, 174-176, 181
受動構文　183, 184
瞬間動詞　37-40

常体　43-47
状態動詞　39, 40
助詞　14, 16, 27, 29, 88-90, 97, 98, 127-130, 133, 134, 142-144, 164-166, 171, 172
叙述用法　80-82
序数詞　137, 138, 140, 141
(英語の)助動詞　vi, 15-17, 57-59, 61, 62
(日本語の)助動詞　vi, 14-17, 27, 57-62
自立語　27, 144, 163-174
進行形　34-41
数 (number)　135
数詞　75, 137, 140
数量詞遊離　180-183
世界の言語　2-4, 6, 8, 11
節　12, 13, 25-27, 76, 78-80, 130, 131, 146, 152-154
接続詞　14-16, 130-132, 144, 163
接続助詞　16, 132-134, 142, 143, 172
前置詞　12-16, 79, 89, 90, 98, 125-132, 135, 144, 150
相(アスペクト)　40, 52, 53, 130
相互代名詞　136
双数　140, 141
外の関係　77, 79, 80
尊敬語　43-47, 50, 95, 97, 186-188

[た行]

体言　26, 61, 176
対照言語学　vi
対象語格　88
対称詞　96
対象の「が」　88, 90
代名詞　15, 16, 84, 93-95, 99-101, 136
夕形　55-57, 190, 191
他称詞　96
脱文法化　130
単数　3, 84, 85, 135, 139, 140
「違う」　18
中国語　2, 7-9, 129
直接受動文　62, 64, 66
director's chair　30
ドイツ語　5-7, 49, 93, 99, 108
動詞中心　154
時枝文法　162

[な行]

内容語　129, 130
日本語教育　55, 189-192
日本語は特殊な言語か　6
人称代名詞　92-101

[は行]

排他的1人称複数　103
橋本文法　27, 162, 163, 167, 168
反実仮想　26, 28, 106, 108

反復数詞　140, 141
比較構文　156
被修飾語　21, 76, 98, 169, 185
美人姉妹の構文　156, 157
「ひとしい」　75
(学校英文法の)品詞　15
(学校国文法の)品詞　14
頻度　43, 49, 50
不規則動詞　41-46, 48-50
複合辞　129
複合名詞　177-180
副詞節　26, 27, 151, 152, 154
副詞的　26
複数　3, 84, 85, 135-137, 139-141, 159
複文　151
付属語　27, 163-165, 168-174
不定冠詞　75, 120, 121, 171
「古い」　75
文語文法　v
文節　27, 28, 162-174
文節主義　27, 163, 167, 168, 172
文法化　129, 130
平滑化 (smoothing)　114
変格活用　43, 46, 47, 51
包括的1人称複数　103
補助動詞　169, 172-174

[ま行]

未完了(相)　55
名詞中心　154
目的格のガ　88
文字体系　11

[や行]

「優しい」　75
山田文法　162
用言　26, 61, 133, 143, 176, 191

[ら・わ行]

ル形　55-57
歴史的仮名遣い　109, 110, 117
歴史的な変化　133
Let's ... と Let us ...　102, 103
連体　26, 189-191
連体詞　14, 16-18, 21, 95, 169-172, 174, 176
連体修飾語　176
連体修飾部　13, 26, 27
連文節　91, 165-168, 170, 173
連用　26, 189-191
連用修飾語　31, 176, 178
連用修飾部　26
分かち書き　29, 30

菅井 三実 (すがい かずみ)

岐阜県中津川市出身。名古屋大学大学院文学研究科博士課程中退，現在，兵庫教育大学大学院学校教育研究科准教授。専門は，現代日本語学・認知言語学。

主な著書に，『認知言語学キーワード事典』(共著，研究社，2002 年)，『認知言語学への招待』(共著，大修館書店，2003 年)，『認知言語学論考 No. 4』(共著，ひつじ書房，2005)，『国語からはじめる外国語活動』(共著，慶應義塾大学出版会，2009 年)，『語・文と文法カテゴリーの意味』(共著，ひつじ書房，2010) など。

英語を通して学ぶ日本語のツボ 〈開拓社 言語・文化選書 33〉

2012 年 10 月 23 日　第 1 版第 1 刷発行

著作者　菅 井 三 実
発行者　武 村 哲 司
印刷所　東京電化株式会社／日之出印刷株式会社

発行所　株式会社　開 拓 社
　　　　〒113-0023 東京都文京区向丘 1-5-2
　　　　電話　(03) 5842-8900（代表)
　　　　振替　00160-8-39587
　　　　http://www.kaitakusha.co.jp

Ⓒ 2012 Kazumi Sugai　　　　ISBN978-4-7589-2533-4　C1380

JCOPY ＜(社)出版者著作権管理機構 委託出版物＞

本書の無断複写は著作権法上での例外を除き禁じられています。複写される場合は，そのつど事前に，(社)出版者著作権管理機構（電話 03-3513-6969，FAX 03-3513-6979，e-mail: info@jcopy.or.jp）の許諾を得てください。